# VOTRE DROIT ABSOLU
# À LA RICHESSE

DISTRIBUTION

Pour le Canada:
MESSAGERIES ADP
955, rue Amherst, Montréal H2L 3K4 (tél.: (514) 523-1182)

Pour la Belgique:
VANDER, S.A.
Avenue des Volontaires 321, B-1150 Bruxelles, Belgique
(tél.: 02-762-9804)

Pour la France:
DILISCO

*Cet ouvrage a été publié sous le titre original:*

YOUR INFINITE POWER TO BE RICH par

*Copyright ©, 1981 par:*
Les éditions Un monde différent ltée
Pour l'édition en langue française
Dépôts légaux 2e trimestre 1981
Bibliothèque nationale du Québec
Bibliothèque nationale du Canada

Cinquième édition, 1992

*Conception graphique de la couverture:*
MICHEL BÉRARD

*Traduit de l'anglais par:*
CLAUDETTE SPOONER-GUAY

ISBN: 2-920000-70-5

# Dr JOSEPH MURPHY

# VOTRE DROIT ABSOLU À LA RICHESSE

Les éditions Un monde différent ltée
3925, boulevard Grande-Allée
Saint-Hubert (Québec)
Canada J4T 2V8
(514) 656-2660

# Comment ce livre
# peut vous être bénéfique

Ce livre est conçu pour être très pratique. Il est destiné aux hommes et aux femmes qui ont un urgent besoin d'argent et qui cherchent à réclamer les richesses de la vie qui sont emmagasinées pour eux.

Il s'adresse à ces hommes et ces femmes qui veulent des résultats immédiats et qui sont d'accord pour mettre en application les techniques simples décrites en détail dans ce livre. Dans les pages suivantes, vous trouverez des détails spécifiques et des illustrations sur les techniques à utiliser pour avoir les richesses qui viendront alors à vous tout naturellement.

Vous pouvez adhérer aux lois fondamentales de l'esprit telles qu'elles sont expliquées dans ce livre, tout comme vous acceptez les affirmations concernant les lois et les principes de l'électricité ou de mathématiques promulgués par un Edison ou un Einstein et, en les appliquant, obtenir des résultats également définis et certains.

En écrivant ce livre, je me suis concentré sur la clarté et la simplicité du style, pour que même un jeune de douze ans puisse comprendre et appliquer les techniques décrites dans ce livre.

Tous les cas présentés dans ce livre parlent d'hommes et de femmes qui devinrent riches en utilisant les lois mentales et spirituelles que je décris et, en autant que je le sache, ces gens appartiennent à différentes dénominations religieuses. De plus, ils viennent de toutes les échelles de salaire et de tous les niveaux sociaux. Tous ces gens ont amassé la richesse en pensant d'une certaine façon et en utilisant la puissance de leur subconscient de la bonne manière.

Voici quelques-uns des points saillants de ce livre:

— Comment un vendeur augmenta son salaire annuel de $5 000 à $50 000 en un an.

— Comment de nombreuses personnes utilisent une formule magique pour payer les factures avec de merveilleux résultats.

— Comment un homme d'affaires de Los Angeles appliqua une formule d'un million de dollars, puis déménagea d'un fond de cour pour gérer une chaîne de magasins valant plusieurs millions.

— Comment un charpentier faisant toutes sortes de petits travaux devint un constructeur de gratte-ciel et amassa une vaste fortune.

— Comment un homme fauché mit en application les trois étapes spécifiques aux richesses et avança ensuite par sauts et par bonds dans tous les domaines.

— L'histoire fascinante et excitante d'un pauvre mineur qui transmit l'idée de richesse à son fils, maintenant un chirurgien célèbre, et le fait que cette histoire fournit la clé des richesses.

—Comment monsieur Tyng appliqua les anciens enseignements de la Vérité pour former une corporation multimillionnaire. Il prit la formule de ses richesses dans la Bible et prouva qu'elle est efficace.

—Comment les poètes, les écrivains, les artistes, les scientifiques et les hommes d'affaires tirent les richesses de la maison du Trésor de l'Infini en eux-mêmes.

—Comment un garçon de dix ans reçoit constamment des cadeaux en argent partout où il va.

—Comment devenir riche par la connaissance des lois mentales et spirituelles, en réalisant que toutes les bonnes choses tangibles de la vie seront déversées à partir de maintenant.

Il ne vous est pas possible de mener une vie remplie et heureuse à moins que vous ne soyez riche! Il y a une voie d'accès scientifique et logique pour devenir riche et si vous désirez récolter les fruits d'une vie riche, heureuse et remplie de succès, vous devriez étudier ce livre plusieurs fois. Faites exactement ce qu'il vous dit de faire et vous vous ouvrirez la voie à une vie plus noble, plus raffinée, plus heureuse, plus riche et plus grande.

À partir de cette page, nous nous aventurons ensemble vers les richesses de la vie ici et maintenant.

# Table des matières

connaissance ouvre les portes - Son nouveau concept lui valut un contrat - Aujourd'hui, je suis riche - Elle accueillit l'idée - La lumière dissipe les ténèbres.

## Chapitre quatre
## Associez-vous à Dieu

Une fortune à partager - La confiance est la richesse - Le génie est en vous - Vous pouvez triompher - Elle dit que le commencement et la fin ne font qu'un.

## Chapitre cinq
## Comment prier et s'enrichir

Comment elle découvrit l'or spirituel - La mine d'or est en vous - Son investissement se multiplia excessivement - Vous êtes riche maintenant! - Votre idée peut valoir des milliards - Votre fortune commence avec vous - Comment prier et s'enrichir.

## Chapitre six
## La loi magique de la dîme

La véritable signification de la dîme - Un avocat découvre la magie de la dîme - La loi de la dîme accomplit des merveilles pour un gérant de ventes - Un ingénieur verse la dîme à sa façon et change le cours des événements - Comment un artiste se donnait à la beauté - Comment elle fit don de son temps pour l'amour - La loi de donner et de recevoir - Donnez librement et joyeusement - Comment votre don se multiplie excessivement - Augmentez votre revenu rapidement - Comment il offrit des dons pour l'approvisionnement - Il versait la dîme mais il ne prospérait pas - Il versait la dîme à l'envers - Pratiquez la sagesse dans vos dons - Vous pouvez donner à coeur de jour.

tous ses étudiants - De charpentier ordinaire à constructeur de gratte-ciel - Pourquoi les gens se dirigent en foule vers sa porte - Comment le renouvellement de l'esprit profita à un ministre - Il existe pour vous de perpétuelles occasions d'avancement - Comment un homme d'affaires surmonta sa pensée négative.

Il imagina une entreprise d'une valeur d'un million de dollars - Elle créa les richesses pour son frère - Imaginez le succès en matières financières - L'imagination déverse des richesses - Une fortune dans le désert - Comment une personne visualisa ses désirs avec succès - Vous créez constamment des images - Comment un courtier imagine les richesses pour les autres - La science des richesses.

Comment parvenir à son apogée - La joie de vaincre - Comment élever les autres - Le caractère est la destinée - Votre soutien intérieur - Comment il s'éleva à des sommets fabuleux - Les richesses de Dieu vous appartiennent - Vous pouvez vous élever au-dessus de toutes les situations - Soyez bon envers vous-même - Obtenir une nouvelle évaluation de soi - Comment connaître la joie de la prière exaucée.

La loi de la gratitude - Comment la gratitude attire les richesses - La technique de la gratitude - Pourquoi rendre grâce? - Le miracle du «merci» - La

# La maison du trésor de l'Infini

La Bible dit: *Je suis venu pour qu'ils aient la vie, et qu'ils l'aient en abondance* (Jean 10;10).

Vous êtes ici pour mener une vie remplie et heureuse, pour glorifier Dieu et vous réjouir en Lui à jamais. Toutes les richesses spirituelles, mentales et matérielles de l'univers sont des cadeaux de Dieu, bons en soi et susceptibles d'une bonne utilisation.

Dieu est le donneur et le cadeau; l'homme est le receveur. Dieu habite en l'homme, et ceci signifie que la maison du trésor des richesses infinies est en vous et partout autour de vous. En apprenant les lois de l'esprit, vous pouvez extraire de la mine infinie en vous tout ce dont vous avez besoin afin de vivre une vie glorieuse, joyeuse et abondante.

### Votre droit à la richesse

Vous êtes né pour être riche. Vous vous enrichissez en utilisant les facultés que Dieu vous a données, en vous accordant avec l'Infini, et lorsque votre esprit deviendra plus productif et rempli de bonnes idées, votre travail deviendra aussi plus productif et vous apportera toutes sortes de richesses matérielles.

C'est votre sentiment d'unité avec Dieu dans votre coeur qui vous enrichit et vous êtes riche proportionnellement à votre attitude mentale et votre foi dans toutes les bonnes choses. Toutes les richesses de l'Infini, intérieures et extérieures, sont vôtres pour en jouir.

Il n'y a aucune vertu à être pauvre; en fait, c'est une maladie mentale et elle devrait être effacée de la face de la terre. Vous êtes ici pour trouver votre vraie place dans la vie et pour donner vos talents au monde. Vous êtes ici pour vous épanouir et vous développer d'une façon merveilleuse, selon le potentiel que Dieu vous a donné, pour mettre à jour les richesses spirituelles, mentales et matérielles qui béniront l'humanité de mille et une façons. Apprenez à vous entourer de beauté et de luxe et réalisez votre droit immuable à la vie, la liberté, l'autonomie et la paix de l'esprit.

C'est votre droit divin de dramatiser, révéler, dépeindre et exprimer la puissance, l'élégance et les richesses de l'Être Infini.

## La science de s'enrichir

Ceci est la loi et l'ordre universels et il y a des principes et des lois par lesquels toutes vos expériences, vos conditions et vos événements se produisent. Il y a une loi déterminée de cause à effet dans chaque chose. La science de l'enrichissement est basée sur la loi de la croyance. *Tout est possible à celui qui croit* (Marc 9;23). La loi de la vie est la loi de la croyance. Croire, c'est accepter sincèrement une chose comme étant vraie. Croyez à la vie abondante, la vie heureuse, la vie remplie de succès et vivez dans la joyeuse attente du meilleur; invariablement, le meilleur vous viendra. C'est la croyance de l'homme qui fait la différence entre la richesse et la pauvreté, entre le succès et l'échec, entre la santé et la maladie. *Les effets sont semblables aux pensées qui les ont engendrés:* telle est la loi cosmique. Ainsi, un homme qui réclame vigoureusement les richesses de l'Infini les recevra.

### Vous êtes né pour être riche

Vous êtes né avec tout l'équipement nécessaire pour mener une vie remplie, heureuse et couronnée de succès. Vous êtes né pour gagner, conquérir, pour vous élever au-dessus de tous les obstacles et manifester les gloires et les beautés en vous. Toutes les puissances, les qualités, les attributs et les aspects de Dieu sont en vous. Votre vie est la vie de Dieu et cette vie est maintenant votre vie. Dieu est toujours rempli de succès dans tout ce qu'Il entreprend, que ce soit un arbre ou un cosmos. Vous ne faites qu'un avec l'Infini et vous ne pouvez pas faillir.

Vous n'êtes pas ici seulement pour gagner votre vie maigrement. La vie est un cadeau qui vous est fait. Vous êtes ici pour exprimer la vie et dispenser vos talents cachés et vos aptitudes par votre esprit, votre corps et votre âme. Vos désirs de santé, d'abondance, de bonheur, de paix et d'expression réelle dans la vie représentent les besoins, les suggestions et les indications de la Vie Infinie cherchant à s'exprimer à travers vous. Désirez maintenant tirer le meilleur de vous-même!

### Les trois étapes d'un homme d'affaires vers les richesses.

Un de mes amis d'affaires à Beverly Hills me dit dans son magasin: «Mon frère est dans le même genre d'entreprise que moi, à seulement trois rues d'ici, et il prospère et roule dans la richesse. Récemment, il a engagé deux commis additionnels pour les ventes. Pourtant, je ne peux pas joindre les deux bouts. Ce n'est pas à cause de l'environnement ou de la marchandise; ça doit être à cause de moi!»

Je commentai que de s'enrichir et d'avancer dans la vie n'est pas une question d'un certain genre d'entreprise ou d'un certain environnement, que les richesses sont dans l'esprit de l'homme et que certains hommes de grand talent restent pauvres et frustrés pendant que d'autres, qui n'ont que peu de talent ou d'instruction, prospèrent au-delà de leurs rêves les plus chers. Je lui mentionnai les trois étapes pour atteindre les richesses inaltérables.

Il suivit ces trois étapes et progressa remarquablement:

*Première étape:* ne faites jamais une affirmation négative concernant les finances, telle que: «Je ne peux pas payer le loyer», «Je ne peux pas joindre les deux bouts», «Les affaires sont très mauvaises», «Je ne peux pas payer mes factures», etc. Aussitôt qu'une pensée négative comme «Je ne peux pas...» vous vient à l'esprit, empressez-vous d'affirmer: «Je ne fais qu'un avec la mine infinie en moi et tous mes beosins sont satisfaits instantanément.» Il vous sera peut-être nécessaire de répéter ce processus cinquante fois en une heure mais persistez et la pensée négative cessera de vous troubler.

*Deuxième étape:* prenez l'habitude durant la journée de conditionner votre esprit aux richesses de l'Infini en affirmant: «Dieu est une aide constamment présente dans les temps difficiles et est la source instantanée et immédiate de mon approvisionnement; Il me présente toutes les idées nécessaires à tout moment et en tout point de l'espace.»

*Troisième étape:* bercez-vous pour vous endormir chaque soir en réitérant cette grande vérité: «Je suis à jamais reconnaissant pour les richesses de Dieu qui sont à jamais actives, à jamais présentes, inchangées et éternelles.»

Cet homme d'affaires suivit fidèlement cette ordonnance spirituelle, et il avança par sauts et par bonds. Il encadra la citation biblique suivante qui est sur son bureau: *Que soient pleins d'allégresse désert et terre aride, que la steppe exulte et fleurisse comme l'asphodèle* (Isaïe 35;1).

Récemment, il me dit: «Mon esprit était une région inexplorée et un désert. Il n'y avait rien qui y poussait sauf les mauvaises herbes de l'ignorance, de la peur, de l'autodépréciation et un sentiment de non-valeur. Maintenant, je suis sur la voie de la victoire, de la réussite et de la prospérité.»

## *L'abondance d'occasions favorables*

Vous êtes maintenant dans l'âge spatial, l'âge des avions supersoniques, de l'électronique, des voyages interplanétaires et d'innombrables innovations et découvertes dans les domaines de la science, de l'art, de la médecine et de l'industrie. Les domaines de l'ordinateur et de l'électronique, par exemple, en sont encore à leurs premiers pas et ils offrent des possibilités infinies à l'entreprise; et la circulation aérienne, même vers les autres planètes, deviendra sans aucun doute une vaste industrie, donnant de l'emploi à d'incalculables milliers et peut-être à des millions de gens à travers le monde.

Il y a une abondance d'occasions favorables pour des hommes et des femmes qui avanceront avec le courant de la vie et cesseront de nager contre la marée. La loi de la richesse est la même pour vous que pour les autres.

On a dit que la quantité de fruits qui tombent au sol et pourrissent sous les tropiques chaque année nourriraient le monde entier. La nature est prodigue, extravagante et généreuse. La pénurie et l'insuffisance de l'homme sont dues à sa mauvaise distribution et à son abus de l'abondance de la nature. Regardez les matériaux de construction aux États-Unis. Il y a assez de bois, de pierre, de ciment, de fer, d'acier et d'autres matériaux pour construire un château pour chaque être vivant dans ce pays. Il y a assez de tissu pour habiller toutes les femmes comme des reines et tous les hommes comme des rois!

Les ressources visibles, pour tout usage et toute fin, sont inépuisables. Vous savez que la Source Infinie est inépuisable. C'est la fontaine qui ne tarit jamais. Toutes les choses dans cet univers sont faites d'une substance universelle primordiale. La seule différence entre le cuivre, le plomb, l'or, l'argent, le bois, les pierres ou la montre à votre poignet, c'est la vitesse de mouvement et le nombre des électrons tournant autour d'un noyau. Le monde entier et toutes les choses qu'il contient sont faits de cette substance universelle primordiale.

La Mine Infinie d'idées en vous ne se tarira jamais. Si les hommes ont besoin de plus d'or et d'argent, ils peuvent les créer synthétiquement à partir d'éléments déjà existants. L'Intelligence Infinie répond à vos besoins et c'est sa nature constante de s'agrandir elle-même et de trouver une plus grande expression à travers vous.

### Elle trouva les richesses en elle-même

Une femme qui écoute mes émissions à la radio chaque matin m'écrivit: «Les factures s'empilent; je n'ai pas de travail. J'ai trois enfants et pas d'argent. Qu'est-ce que je dois faire?»

Je lui suggérai de relaxer et de concentrer l'idée de ses besoins en une petite phrase: «Dieu satisfait *tous* mes besoins maintenant.» Pour elle, ces mots signifiaient la réalisation de tous ses désirs, tels les factures payées, une nouvelle position, une maison, un mari, de la nourriture et des vêtements pour les enfants et un bon montant d'argent.

Elle répéta la phrase maintes et maintes fois comme une berceuse. Chaque fois qu'elle affirmait: «Dieu satisfait tous mes besoins maintenant», un sentiment de chaleur et de paix la couvrait jusqu'à ce qu'elle atteigne le point de conviction et qu'elle sente sa réalité.

Cette femme obtint d'étonnants résultats en peu de temps! Sa soeur, qu'elle n'avait pas vue depuis quinze ans, vint d'Australie pour lui rendre visite et lui donna $5 000 comptants ainsi que d'autres cadeaux. Puis cette même femme devint secrétaire d'un médecin et l'épousa à l'intérieur d'un mois. Elle est maintenant au comble du bonheur. Les voies de l'Infini sont vraiment insondables! Cette femme avait vraiment trouvé la mine de richesses en elle.

### La pauvreté est une maladie

Le mot *maladie* signifie un manque d'aise, de pondération, de balance et d'équilibre. Regardez autour de vous et vous trouverez, dans toutes les carrières et dans tous les types d'entreprises et de professions, des gens qui s'enrichissent et atteignent leurs buts dans la vie, pendant que d'autres vivant près d'eux et faisant le même travail ou exerçant les mêmes professions restent pauvres, mécontents, mal vêtus et mal nourris.

Si vous étiez physiquement malade, vous rendriez visite à votre médecin qui vous ferait un examen physique complet, afin de corriger immédiatement la situation. Peu importe combien pauvre vous semblez être, si vous commencez à penser habituellement aux richesses, à l'avancement, à l'épanouissement et au progrès, vous recevrez automatiquement une réponse curative de votre subconscient et votre bonne fortune sera multipliée et grossie dans des mesures et des façons innombrables.

Vous pouvez être endetté, cependant, et ne pas avoir les fonds, l'influence ou les valeurs tangibles nécessaires, mais si vous commencez à affirmer: *Les richesses de Dieu abondent dans ma vie et il y a toujours un surplus divin,* des merveilles surviendront dans votre vie!

### «Ce fut un miracle!»

Pendant que j'écrivais le premier chapitre de ce livre, une femme âgée me téléphona et me dit: «Ce fut un miracle.» Elle et son mari recevaient une très maigre pension et pouvaient à peine joindre les deux bouts. Je lui avais donné une prière spéciale à utiliser: *Les richesses de Dieu abondent dans ma vie. Sa richesse coule en moi en avalanches et je suis reconnaissante pour mon bien maintenant et pour toutes les richesses de Dieu.*

Elle avait continué à répéter cette prière sciemment et sincèrement plusieurs fois pendant la journée et au bout de deux semaines, un homme sonna à la porte (elle dit qu'il était tombé du ciel) et lui parla d'un terrain qu'elle possédait au milieu d'un désert. Il n'y avait pas de maisons là, pas d'eau, seulement des broussailles et des cactus. Elle avait essayé pendant des années de le vendre et personne n'avait seulement voulu le regarder. L'homme dit: «Notre compagnie veut ce terrain pour y installer une centrale électrique qui alimentera des constructions dans les environs.»

On lui donna $10 000 pour ce terrain supposément sans valeur. Ce n'était pas un miracle; c'était la réponse de son subconscient à sa requête. Ses Voies Infinies n'ont pas fini de vous surprendre.

## Vous avez la possibilité
## de vous procurer du capital

La pensée est la seule puissance insaisissable et invisible dont vous êtes conscient. Tout ce que vous pensez tend à se manifester dans votre vie, à moins que vous ne neutralisiez cette pensée par une pensée contraire. Votre pensée peut définitivement et positivement produire pour vous un capital tangible, par l'entremise de votre subconscient.

Votre subconscient agit dans le même sens que votre pensée agit sur lui. Si vous avez des pensées de *pauvreté*, vous deviendrez pauvre, peu importe combien vous êtes riche maintenant. Si vous prenez l'habitude de penser aux richesses spirituelles, mentales et matérielles, vous devrez devenir riche selon la loi de la relation réciproque. En d'autres mots, lorsque vous pensez: *La richesse est mienne maintenant* et que vous restez fidèle à cette idée, votre subconscient répond en vous distribuant la richesse dans tous les domaines selon la nature de votre pensée.

Toutes les inventions, édifices, structures, villes et dispositifs de toutes sortes, incluant toutes les formes et les processus créés par l'homme aussi bien que ceux de la nature, furent tirés d'une même source invisible en vous. Lorsque vous pensez vous lever de votre chaise, vous effectuez le mouvement. Le scientifique pensa à projeter les voix et les harmonies dans votre maison; la télévision en fut le résultat. Les impulsions électroniques furent converties en formes, voix, musique, etc. Vous vivez réellement dans un *univers de pensée*.

La Présence Infinie pensa à un monde et l'Esprit Universel progressa selon cette pensée et prit la forme d'un univers physique dynamique, avec son ensemble d'étoiles, de soleils, de lunes et de galaxies innombrables dans l'espace. Tout ceci est le produit d'un Penseur Infini, pensant d'une manière ordonnée et mathématique et avec une précision absolue.

Le poète Joyce Kilmer disait: «Dieu seul peut faire un arbre.» En créant les arbres, que ce soit le chêne ou le pommier ou autre, le Penseur Infini pense aux arbres et l'Esprit Universel déclenche les forces faisant pousser les arbres selon leur nature, tel que prescrit par le principe de la croissance qui est constant dans toute la nature.

## La grande loi de l'attraction

Il y a quelques mois, un homme me montra une invention d'ingénierie et me dit: «J'ai besoin d'argent pour la promouvoir, de beaucoup d'argent.»

Je lui expliquai que la loi de l'attraction lui fournirait tout ce dont il avait besoin pour réaliser son rêve. Je suggérai qu'il prenne l'habitude d'affirmer mentalement: «L'Intelligence Infinie dans mon subconscient m'attire la firme idéale qui manufacturera, promouvra et vendra cette invention. Il y a satisfaction mutuelle, harmonie et accord divin qui bénit tous ceux qui sont concernés.» Cette affirmation devint sa prière habituelle.

Son subconscient s'en occupa et peu de temps après, il rencontra un éminent homme d'affaires au théâtre Wilshire Ebell à Los Angeles où je donnais des conférences. Cet homme d'affaires subventionna l'invention et négocia avec les parties intéressées pour faire profiter cette invention au maximum. Il me dit récemment que ce sera un produit fabuleux, révolutionnaire, avec un potentiel de profits illimités.

Ceci démontre la loi de l'attraction et, à l'instar de la sagesse subjective d'une graine qui s'attire tout ce dont elle a besoin pour croître, l'homme utilise consciemment la sagesse et les idées nécessaires à la réalisation de ses idéaux, ses buts et ses objectifs pour accumuler la richesse.

Souvenez-vous, toutes les formes, tous les processus et tout autre chose que l'homme crée, doivent d'abord vivre dans la pensée de l'homme; il ne peut rien mouler, façonner ou créer avant d'y avoir pensé. En fin de compte, la pensée gouverne le monde.

## RÉSUMÉ DU CHAPITRE

### *Pensez et accumulez des richesses*

1. Utilisez les lois de l'esprit et extrayez de la Mine Infinie en vous tout ce dont vous avez besoin pour mener une vie glorieuse et remplie de succès.

2. Vous êtes né pour être riche et vous êtes ici pour mener une vie fructueuse et heureuse. Dieu veut que vous soyez heureux.

3. Il y a une loi de cause à effet définie dans tout. Croyez aux richesses de Dieu et vous les recevrez. Il vous est fait selon votre foi.

4. Dieu est toujours rempli de succès dans toutes ses entreprises. Vous ne faites qu'un avec Lui; vous ne pouvez donc pas faillir. Vous êtes né pour conquérir.

5. Toutes les richesses viennent de l'esprit. C'est votre attitude mentale qui détermine la richesse ou la pauvreté. Pensez en termes de richesses et les richesses suivront; pensez en termes de pauvreté et la pauvreté suivra.

6. Il y a une abondance d'occasions favorables pour vous. Suivez le courant de la vie et arrêtez de nager contre la marée. Il y a un nombre infini d'idées à tirer de votre subconscient; une nouvelle idée que vous avez peut valoir $50 000.

7. Une façon magnifique d'entrer en contact avec la mine infinie en vous est de prendre l'habitude d'affirmer: «Dieu satisfait tous mes besoins maintenant.» Des merveilles surviendront en priant de cette manière.

8. La pauvreté est une maladie mentale. Affirmez vigoureusement: «La richesse de Dieu circule dans ma vie et il y a toujours un surplus divin.»

9. Votre subconscient, qui est la mine de richesses, répond à vos pensées sincères de façons qui vous sont inconnues.

10. La pensée est la seule puissance insaisissable et invisible dont vous êtes conscient. Votre pensée peut définitivement et positivement vous bâtir un capital.

11. La loi de l'attraction vous attire tout ce dont vous avez besoin, selon la nature de votre mode de pensée. Votre environnement et votre condition financière sont le reflet parfait de votre pensée habituelle. La pensée gouverne le monde.

# 2

# Les richesses vous entourent

La Bible dit:... *De l'amour de Yahvé la terre est pleine* (Ps 32;5). Les richesses vous entourent pour la simple raison que la Présence Divine, bien qu'invisible, est omniprésente.

C'est comme l'air qui nous entoure; il n'en manque pas. Chaque homme peut respirer autant qu'il veut et il reste encore un approvisionnement d'air infini. Vous pouvez comparer cette Présence à un océan. Vous pouvez aller à l'océan avec un dé pour puiser de l'eau, ou vous pouvez y aller avec une cruche et la remplir; l'océan ne sera pas perturbé et il restera beaucoup d'eau.

Cette Présence est la vie infinie; il n'y a pas de vie sans elle. Cette Présence est aussi la substance infinie, de la même façon que vos pensées et vos sentiments sont la substance derrière tout ce que vous êtes, possédez et faites.

Votre conscient, *en union* avec cette Présence, surmonte toute sensation de privation ou de besoin parce que cette Présence est la plénitude d'être, la fontaine vivante de laquelle coulent tous les bienfaits et qui fournit tout ce qui existe.

Il y a une abondance de toutes choses aussi bien qu'une abondance d'occasions favorables pour l'homme qui s'harmonise à l'Infini et pense grand. Il obtiendra une réponse de la

Présence et donnera ainsi forme à toutes sortes de biens dans son environnement immédiat.

C'est le bon plaisir du Père de vous donner le royaume de la santé, du bonheur, de la paix, de la joie et de l'abondance dans les choses matérielles.

## Il y a suffisamment de toutes choses

Commencez maintenant à réaliser clairement que la puissance créatrice en vous est *illimitée;* il n'y a alors aucune raison de limiter l'étendue de la création dont vous pouvez jouir et que vous pouvez expérimenter au moyen de cette puissance. Vous puisez à la Source Infinie et vous n'avez jamais à vous inquiéter de prendre plus que votre part parce que la Mine Infinie est inépuisable et éternelle; elle est la même hier, aujourd'hui et à jamais.

La grande folie de l'homme est de ne pas réaliser les vraies richesses en lui et de considérer les produits extérieurs, les possessions et les conditions comme étant les vraies richesses, au lieu de la puissance créatrice de son esprit.

Souvenez-vous, il n'y a pas de limites à prendre ce que vous voulez de la Mine Infinie. Votre vraie richesse consiste à vous identifier à la source de l'opulence et des grandes richesses. Pensez opulence, c'est-à-dire pensez grand, pensez généreusement et libéralement, et vous verrez que les biens coulent vers vous de toutes parts, tels l'argent et d'innombrables autres choses représentant différentes facettes de la richesse.

L'omnipotence est en vous; la puissance vous est donc largement disponible. La paix infinie, la joie sans bornes et l'harmonie absolue, plus un nombre infini d'idées pour le succès, le développement, l'amélioration, l'avancement et la créativité dans tous les domaines sont disponibles dans une infinité de variétés pour l'homme qui s'unit aux richesses infinies de Dieu en lui. *Toutes les choses sont prêtes si l'esprit l'est.*

## Comment il implanta les richesses dans son esprit

J'ai reçu une lettre d'un homme d'affaires qui dit qu'il fut élevé à croire que la pauvreté était une vertu et qu'il savait que cette croyance superstitieuse implantée dans son subconscient bloquait l'amélioration de son bien-être personnel et la croissance de son entreprise. Cependant, après avoir entendu une série de mes conférences le dimanche matin, il affirma plusieurs fois par jour ce qui suit:

«La sagesse, la puissance et les énergies créatrices de Dieu sont manifestées et exprimées à travers moi, exactement comme une branche est le prolongement de la vie de l'arbre. Je suis un fils de Dieu et j'hérite de tous les droits, privilèges et bienfaits des richesses de Dieu. Je concentre mon esprit sur Dieu et je me sens en union étroite avec cette Présence invisible. Je crois en la substance infinie et en l'approvisionnement infini. Je crois et j'accepte mentalement maintenant que l'Infini me comble de ses richesses, apportant l'harmonie, l'inspiration, les bienfaits et l'abondance dans ma vie. Je ne fais qu'un avec mon Père. Sa puissance créatrice est aussi mienne. Sa sagesse, sa force, son intelligence et sa compréhension sont miennes. L'Intelligence Infinie me dirige dans tous mes sentiers et son Esprit d'opulence est mon abondance, mon succès et mon bien-être. J'ouvre mon esprit et mon coeur aux richesses de l'Infini et la prospérité suit tous mes efforts. Dieu et l'homme ne font qu'un. Mon Père et moi ne faisons qu'un.»

La prière ci-dessus est très belle et aussi très efficace. Cet homme continua de répéter ces vérités trois ou quatre fois par jour dans son bureau. Le résultat fut qu'il ouvrit trois magasins additionnels et employa vingt-cinq personnes de plus pour superviser et s'occuper de son entreprise.

*Le soi-disant miracle fut simplement une réorientation de son esprit et une culture de l'esprit d'opulence.*

### La cause de son problème financier et son annulation

Un jeune garçon d'environ seize ans de mon voisinage vint me voir. Il se plaignait que son père ne lui permettait pas d'aller à l'université pour devenir ingénieur. Son père disait constamment: «Nous n'avons pas l'argent pour t'envoyer à l'université. Nous ne pouvons pas payer l'hypothèque de notre maison ou le billet dû à la banque. Nous ne rejoignons jamais les deux bouts. Oublie ça!»

Vous pouvez voir la raison pour laquelle son père manquait d'argent. Il pensait constamment au manque, à la limitation et aux restrictions financières de toutes sortes et son subconscient répondait naturellement selon sa manière habituelle de penser. Pensez riche et les richesses suivent; pensez à la pauvreté et la pauvreté suit.

### Son attitude inverse accomplit des merveilles

J'expliquai au père de ce garçon que tout ce qu'il devait faire était de cultiver le sentiment d'abondance et d'imaginer constamment qu'il possédait toutes sortes de richesses. Par la suite, chaque soir avant de dormir, il imagina qu'il avait reçu une lettre de son fils lui racontant comment il était heureux d'être à l'université et le remerciant pour tout ce qu'il avait fait pour lui. De plus, il affirma silencieusement et avec émotion: «Dieu est la source éternelle de mon approvisionnement, satisfaisant tous mes besoins à chaque instant.»

Pendant la journée lorsque des pensées telles que *Je suis à court d'argent. Je ne sais trop comment payer mes factures. Qu'est-ce que j'ai à donner? Je suis fauché.* etc. lui venaient à l'esprit, il ne se permettait jamais de finir la phrase dans son esprit. Il persista à neutraliser le négativisme en affirmant immédiatement: «Dieu est la seule source constante de mon approvisionnement, satisfaisant tous mes besoins instantanément.» Souvent, au début, il devait faire ceci trente ou quarante fois en une heure mais après quelques jours, l'élan impulsif et la force de ses pensées négatives habituelles moururent et il cessa d'être dérangé par elles.

Alors, presque miraculeusement, il gagna une grosse somme d'argent d'une loterie qui paya toutes ses dettes et lui donna une confiance et une foi accrues dans la puissance de son esprit pour satisfaire tous ses besoins en tout temps et partout.

Aujourd'hui, son fils fréquente l'université de son choix et il est profondément reconnaissant de la découverte des vraies richesses. Ce père et ce fils ne tremblent plus de peur et de trépidation lorsque des exigences financières et des urgences se dessinent devant eux.

### La formule magique pour payer des factures

Un pharmacien de Londres, en Angleterre, qui assistait à mes conférences il y a quelques années, me dit qu'il avait ouvert sa pharmacie avec de l'argent emprunté de son beau-père qui le pressait constamment pour se faire rembourser. Les factures n'étaient pas payées et il se trouvait dans une situation désespérément critique.

Cependant, dans une de mes conférences au Caxton Hall à Londres quelques années auparavant, il avait entendu une de mes affirmations: «Lorsque vous recevrez une facture pour quelque chose, remerciez immédiatement d'avoir *reçu* le montant équivalent.» Après avoir réfléchi un peu à cette philosophie, il commença à faire ceci régulièrement et systématiquement et, étant donné que tout ce à quoi l'esprit prête attention se grossit et se multiplie excessivement, son entreprise commença à s'améliorer: trois médecins de son voisinage commencèrent à diriger toutes leurs ordonnances à sa pharmacie. Je suis heureux de dire qu'aujourd'hui, il est le fier propriétaire de trois pharmacies prospères dans la ville de Londres.

La pensée-image de recevoir le montant de la facture s'enfonça graduellement dans son subconscient et il sut que la pensée-image de l'argent était la matérialisation des choses qu'il espérait et l'évidence des choses invisibles. J'ai enseigné cette formule magique à plusieurs hommes d'affaires et dans chaque cas, ils sont éternellement reconnaissants pour les bénéfices qu'ils en ont retirer. *Tout ce que vous demanderez dans une prière pleine de foi, vous l'obtiendrez* (Mt 21;22).

### Comment s'occuper de problèmes financiers

Le premier principe dans l'art de s'enrichir est de réaliser que la pensée est la seule puissance intangible qui puisse produire des richesses tangibles en puisant dans la mine de l'Infini.

Chaque chose créée, chaque forme et chaque processus que vous voyez dans cet univers est la manifestation visible d'une pensée de l'Intelligence Infinie. Ce que l'Infini pense d'un mouvement, la pensée devient ce mouvement; ce qu'Il pense d'une forme, la pensée prend cette forme. C'est de cette façon que toutes les choses furent créées dans ce monde. Vous vivez dans un monde de pensées et pour vous enrichir et résoudre vos problèmes financiers, vous devez continuellement avoir des pensées de richesse, de prospérité et de succès.

L'Infini a dû penser à un séquoia pour l'amener à exister et la pensée s'occupa de produire l'arbre, même s'il lui a fallu des siècles pour le parachever. Le Penseur Infini, lorsqu'Il pensa à un séquoia, ne provoqua pas la formation instantanée d'un arbre à sa pleine maturité, mais Il amorça le mouvement de toutes les forces nécessaires pour produire l'arbre à travers la sagesse subjective agissant dans la graine.

De la même manière, lorsque vous désirez être libre de tout problème financier et de tout sentiment d'embarras pécunier, vous devez réaliser que vous êtes un penseur et que vous pouvez faire naître des idées, des images, des plans et des buts. De plus, devenez conscient que toutes les structures, les inventions et les choses modelées par vos mains existaient d'abord dans votre esprit en tant que pensées-images. Vous ne pouvez rien créer dans ce monde jusqu'à ce que vous en ayez *pensé* l'existence.

Puisque ceci est vrai, saturez votre esprit des vérités suivantes: «J'ai une confiance absolue en Dieu et en toutes les bonnes choses. Je sais que je serai capable d'envisager n'importe quelle situation à n'importe quel moment car Dieu est ma source immédiate d'approvisionnement, me présentant toutes les idées nécessaires de la bonne manière et au bon moment. Les richesses de Dieu coulent à jamais dans ma vie et il y a toujours un surplus divin. En répétant ces vérités, je sais que mon esprit est conditionné pour recevoir l'approvisionnement divin qui circule à jamais.»

À mesure que vous réitérez ces vérités et que vous sentez leur réalité dans votre coeur, vous développerez l'esprit d'abondance et, sans égards à la situation économique, aux fluctuations du marché de la bourse ou à toute autre circonstance, vous serez toujours amplement satisfait, peu importe quelle forme peut prendre la puissance monétaire.

## De $5 000 à $50 000 par année

Il y a quelques années, un vendeur qui assiste à mes conférences le dimanche et qui écoute mes émissions à la radio quotidiennement, me demanda: «Comment puis-je faire $50 000 par an? Je suis marié et j'ai trois enfants. Je peux à peine joindre les deux bouts. Ma femme doit travailler pour que nous puissions arriver!»

Dans plusieurs cas, l'explication est la solution. Je lui expliquai que la pensée-image ou le modèle mental de la richesse dans son esprit est la *première cause* relative à cette chose; c'est la véritable substance de la richesse, jamais atteinte par les conditions antérieures de manque, de limitation ou de restrictions de tous genres.

Son point de départ était la pensée-image. Il réalisa que ceci était le modus operandi pour toute expression, que ce soit à l'échelle de l'Esprit Universel ou de son esprit individuel qui est une partie de l'Esprit Universel. Ce vendeur en conclut que tout ce qu'il devait faire était de communiquer sa pensée-image à son subconscient pour que le résultat ou la manifestation de son idée se réalise.

Ce qui suit est le résultat de notre conversation, d'après la lettre qu'il m'écrivit:

Cher docteur Murphy,

Peu de temps après vous avoir parlé, chaque matin pendant les trois mois suivants, je me suis donné le traitement du miroir. Je me tenais devant mon miroir après m'être rasé et je décrétais à haute voix, lentement, sincèrement et sciemment: «Jean, tu es couronné de succès. Tu fais $50 000 par an. Tu es un vendeur extraordinaire.» Je répétais ceci pendant environ dix ou douze minutes chaque matin sachant que, finalement, je bâtirais dans mon subconscient l'équivalent mental de $50 000 et que je réussirais à m'imprégner psychologiquement de ce montant. J'ai été guidé à prendre un cours d'art oratoire; j'ai fait un discours, il y a environ dix semaines, à notre assemblée annuelle des ventes. Le vice-président m'a félicité, j'ai été promu et on m'a donné un territoire plus lucratif avec un salaire de $10 000. Mes commissions et mon salaire de l'année dernière ont dépassé $50 000. Vraiment, l'esprit est la source de la prospérité et de toutes les richesses du Ciel.

### Il travaillait dur sans résultats

J'eus un jour une entrevue avec un jeune cadre qui disait: «Je travaille très dur, je travaille de longues heures pour la compagnie et je prie chaque soir en ces termes: *Dieu me rend prospère dans toutes mes démarches et j'accepte maintenant mon bien.* Mais je n'avance à rien, je n'ai pas eu d'augmentation de salaire ni de promotion d'aucune sorte depuis cinq ans.»

Il admit, cependant, qu'il était jaloux et envieux du succès et des promotions de ses anciens confrères de classe dans l'organisation. Ceux-ci avaient gravi l'échelle du succès et le devançaient; il était amer et critiquait leurs progrès. *C'était la raison pour laquelle il n'avançait pas.*

En pensant négativement à ses associés et en condamnant leur richesse, leur promotion et leur succès, il faisait s'envoler et s'évanouir la richesse et la prospérité pour lesquelles il priait. Il condamnait les choses pour lesquelles il priait: il était blessé et il se blessait lui-même parce qu'*il* était celui qui nourrissait ces états d'esprit négatifs. Véritablement, il priait de deux façons. D'un côté, il disait: *Dieu me rend prospère maintenant* et dans son souffle suivant, silencieusement ou distinctement, il disait: *Je refuse la promotion et l'augmentation de salaire de ce camarade.*

Il commença à réaliser que son esprit est un médium créatif et que les pensées que nous entretenons concernant une autre personne se réalisent dans notre propre vie. Il renversa son attitude mentale et il se fit un point d'honneur de désirer pour tous ses associés la santé, le bonheur, la paix et tous les bienfaits de la vie. Il prit l'habitude de se réjouir de leur prospérité, de leur promotion, de leur avancement et de leur succès. En conservant cette attitude, la promotion et l'avancement lui vinrent. Son changement d'attitude changea tout.

### Une façon sûre d'obtenir la sécurité financière

L'argent est un moyen d'échange; c'est un symbole de liberté, de beauté, de luxe, de puissance, de raffinement et d'une vie fructueuse et joyeuse. L'argent peut être vu comme une idée divine qui maintient la santé économique des nations. Il devrait être utilisé sagement, judicieusement et constructivement.

Vous vous mettez à l'abri des tracas financiers en imprégnant dans votre esprit que l'argent n'est pas seulement bon, mais très bon, et qu'il bénit l'humanité d'innombrables façons. Dans votre esprit, continuez à imaginer que vous êtes un centre de distribution, que vous possédez toute sorte de richesses et que vous accordez ces bienfaits aux autres. En faisant ceci, vous ouvrez la voie à un plus grand flot d'approvisionnement.

Votre motif est bon et vous savez dans votre coeur que vous avez droit à une grande quantité d'argent; vous vous attendez à ce qu'il coule en avalanches pour vous. Votre sécurité et votre bonheur sont les résultats de l'utilisation sage de la puissance et de la sagesse de votre subconscient.

*La vie vous récompensera lorsque vous croirez et accepterez le succès comme étant votre droit divin.* La vraie clé de la sécurité financière est de constamment vous sentir, vous savoir et vous imaginer servant les autres d'une façon plus noble, plus grande et plus merveilleuse. Imaginez qu'il vous arrive un succès et une abondance de plus en plus grands. Acceptez tout l'argent reçu avec une grande appréciation et utilisez-le librement avec une grande reconnaissance envers l'Être Infini de qui proviennent tous les bienfaits.

Utilisez fréquemment la prière suivante et vous transmettrez l'idée de la sécurité financière à votre subconscient:

«Je sais que l'argent est une idée de l'Esprit Divin. Il symbolise la richesse; je le reconnais comme un moyen d'échange. Toutes les idées de Dieu sont bonnes. Dieu a créé toutes choses; Il a déclaré sa création bonne, très bonne. L'argent est bon. Je l'utilise sagement, judicieusement et constructivement. Je l'utilise pour bénir l'humanité. Il est un symbole très pratique; je me réjouis de sa circulation. Les idées de Dieu me sont constamment disponibles; j'ai un surplus divin. Dieu est ma source d'approvisionnement; Il est mon approvisionnement maintenant. Les richesses de tous genres me parviennent en abondance. Il n'y a qu'Un Dieu et qu'Un Esprit; chaque idée dans l'Esprit de Dieu est spirituelle. J'ai une relation amicale avec l'argent. Il est un symbole de la richesse de Dieu et de son abondance infinie. L'idée de l'argent est omniprésente; je ne suis qu'un avec toute la richesse dans le monde. Je l'utilise seulement pour le bien et je Te remercie, Père, de ton approvisionnement.»

## RÉSUMÉ DU CHAPITRE

### *Points saillants à se rappeler*

1. Les richesses vous entourent pour la simple raison que vous vivez, bougez et que votre être est en union avec Dieu; et Dieu vit, bouge, et son être est uni à vous. Dieu est omniprésent; toutes ses richesses sont donc présentes partout, en vous et autour de vous.

2. La puissance créatrice en vous est illimitée et inépuisable. Votre vraie richesse est de vous identifier à l'esprit d'abondance.

3. Gardez votre esprit en Dieu et sentez votre union avec la mine infinie des richesses intérieures, et les richesses couleront automatiquement dans votre vie.

4. Si vous pensez en termes de manque, de limitation et de restrictions, vous créerez plus de manque et de limitation de toute sorte. Vous amplifiez dans votre monde ce à quoi vous prêtez attention.

5. Réalisez que Dieu est la source éternelle de votre approvisionnement qui satisfait tous vos besoins à chaque instant et des merveilles s'accompliront dans votre vie.

6. Une formule magique pour payer des factures et effacer toutes vos dettes est de rendre grâce pour avoir reçu le montant d'argent équivalent au total de la facture que vous

recevez; l'idée s'imprégnera ainsi graduellement dans votre subconscient.

7. Votre pensée est la seule puissance intangible que vous connaissez et votre pensée peut extirper des richesses tangibles de la mine invisible. Pensez richesses et les richesses suivent; pensez pauvreté et la pauvreté suit.

8. Votre pensée-image ou votre modèle mental de richesse est la première cause relative. C'est la substance des choses désirées et l'évidence des choses invisibles.

9. Condamner la richesse et la prospérité d'un autre, c'est se blesser soi-même. Votre esprit est un moyen créatif et ce que vous désirez pour l'autre, vous le désirez pour vous-même. Vous êtes le penseur et votre pensée est créatrice.

10. Vous serez financièrement sécurisé en vous identifiant mentalement à la source éternelle d'approvisionnement qui ne tarit jamais et en ayant un profond désir de servir les autres d'une façon plus digne, plus grande, plus noble. Dieu satisfera tous vos besoins et il y aura toujours un surplus divin.

# 3

# La connaissance est la richesse

La plus grande découverte que vous puissiez faire est de prendre conscience qu'il y a une puissance et une sagesse infinies résidant en vous et vous rendant capable de surmonter tous les problèmes, de vous élever au-dessus des obstacles et d'accomplir les tâches de la vie. Vous êtes né pour conquérir et vous êtes doté de tous les attributs, des qualités et du potentiel nécessaires pour devenir maître de votre destin et capitaine de votre âme.

Si vous ne connaissez pas vos puissances spirituelles, vous serez gouverné et contrôlé par les événements et les conditions du monde; vous tendrez à vous déprécier et à maintenir une piètre estime de vous-même. En d'autres mots, à cause de votre manque de connaissances, vous exalterez la puissance des circonstances et faillirez à réaliser les énormes puissances en vous qui pourraient vous élever et vous placer sur la grande voie du bonheur, de la santé, de la liberté et de la joie de vivre.

## Comment sa connaissance lui rapporta des dividences

Pendant une visite au célèbre temple de Delphes près d'Athènes, en Grèce, en août 1965, je discutai avec le guide. Elle parlait couramment l'anglais, le français et l'allemand et sa connaissance de ces langues avait intéressé un des touristes de notre groupe qui lui offrit une position comme compagne de voyage en France et en Allemagne et aussi comme gouvernante de ses trois enfants à New York. Le salaire devait être de $400 par mois incluant le logement et la nourriture fournis dans la maison même. Ce guide me dit que son salaire actuel était d'environ 100 drachmes par jour (un peu plus de $3). Elle dit que cette occasion était comme un grand rêve, puisqu'elle voulait aller aux États-Unis depuis plusieurs années et que son souhait allait maintenant être réalisé.

La chose intéressante concernant cette jeune femme, c'est qu'elle avait été habituée à prier avec ferveur la sainte Vierge chaque jour pour avoir plus d'argent et pour un voyage en Amérique; sans aucun doute, sa foi aveugle ou sa croyance avait réussi à imprégner son subconscient et avait définitivement apporté cette réponse extraordinaire. Paracelse dit: «Que l'objet de votre foi soit vrai ou faux, vous obtiendrez les mêmes résultats.»

### Sa vision en était une de richesse

Je suis allé en tournée de conférences en Angleterre, en Allemagne, en Irlande et en Grèce et j'ai pris plusieurs jours de vacances dans chaque pays visité. À Cork, en Irlande, j'ai soupé avec un jeune vendeur de vin et sa charmante épouse. Il avait environ vingt-quatre ans. Il me dit qu'il avait eu une vision d'être le premier vendeur de vin de la firme pour laquelle il travaillait et que cela s'était récemment réalisé. Il avait été invité au siège social à Dublin et, au cours d'une cérémonie officielle, on lui avait donné une montre en or gravée et une très grosse augmentation de salaire. Il avait été le premier dans les ventes pendant trois années consécutives.

Chaque soir, ce jeune homme avait affirmé avant de dormir: «Je suis le premier vendeur et je suis largement rémunéré.» Il s'imaginait alors mentalement sa femme qui le félicitait puis il s'endormait profondément. Il est un lecteur avide de mon livre *The Power of Your Subconscious Mind* (La puissance de votre subconscient), qui a transformé sa vie.

Ce jeune homme, qui est un de mes parents, n'avait aucune intention d'entrer en compétition avec qui que ce soit. Il a réussi à imprégner son subconscient de l'idée d'être le *premier vendeur*, et son esprit profond qui est sensible a réagi d'une façon extraordinaire et unique.

### La connaissance ouvre les portes

Pendant ma visite au temple d'Apollon en Grèce, je remarquai une jeune fille grecque avec un livre sous le bras. Ce livre me paraissait familier et en l'observant de plus près, je découvris avec étonnement que c'était un de mes livres: *The Miracle of Mind Dynamics* (Le miracle de la dynamique de l'esprit). Immédiatement, je me présentai et elle me bombarda de toute sorte de questions intéressantes.

Son problème principal était qu'elle voulait aller aux États-Unis, mais on lui avait dit à l'ambassade des États-Unis à Athènes qu'elle devrait attendre des années avant de pouvoir immigrer parce que la liste d'attente était longue. Elle me dit: «J'ai utilisé les techniques que vous avez décrites dans le livre et j'ai reçu des réponses à toutes mes prières sauf celle-ci: la permission d'immigrer aux États-Unis.»

Elle avait affirmé systématiquement, régulièrement et fidèlement: «L'Intelligence Infinie m'ouvre la voie pour immigrer aux États-Unis selon l'Ordre Divin. Lorsque l'homme dit: *Ce n'est pas possible*, Dieu dit que ça l'est et j'accepte cette voie maintenant.»

J'écrivis une note personnelle pour elle à une avocate extraordinairement brillante à New York, une étudiante de la science de l'esprit et une vieille amie à moi, lui expliquant que cette jeune Grecque avait une soeur en affaires à New York depuis plusieurs années et que celle-ci était malade et avait besoin de sa soeur de Grèce pour prendre soin de l'entreprise et pour l'aider. L'avocate réagit immédiatement et écrivit à cette jeune étudiante de *The Miracle of Mind Dynamics* en Grèce pour lui dire quelles étapes légales elle devait suivre pour entrer aux États-Unis.

Alors que j'écrivais ce chapitre-ci, je reçus un télégramme de cette jeune femme à Athènes, qui écrivait: «Notre rencontre ne fut pas fortuite. Lorsque je vous ai vu, avec vos habits religieux, et que je vous ai entendu parler, j'ai su que vous étiez un ministre d'Amérique. J'ai su aussi que vous viendriez me parler et que, de quelque façon, vous auriez la réponse pour moi.»

J'étais simplement le canal à travers lequel la sagesse infinie de son subconscient avait répondu à son désir constant et persistant. Elle n'hésita pas, ne vacilla pas, ni ne douta de la possibilité de trouver une issue à son dilemme. Elle savait simplement qu'il y avait une réponse et sa persistance et sa détermination farouche lui apportèrent des dividendes.

La première étape de la réponse à sa prière s'accomplit lorsqu'une hôtesse de l'air lui présenta une copie du livre: *The Miracle of Mind Dynamics* en lui disant: «Ceci vous aidera à améliorer votre anglais de façon remarquable et, si vous l'utilisez, vous vous retrouverez en Amérique.»

Les voies du subconscient sont parfois exaltantes, fascinantes, emballantes et captivantes. Vous commencez à réaliser que les merveilles ne cessent jamais et qu'«Il ne faillit jamais».

## Son nouveau concept lui valut un contrat

À une de mes conférences au Caxton Hall à Londres, en Angleterre, au cours de ce voyage mentionné plus tôt, j'ai parlé de *The Amazing Law of Love* (L'étonnante loi de l'amour). Après ma conférence, une actrice causa avec moi et me confia qu'elle avait quitté la scène parce que les obscénités des pièces modernes l'ennuyaient mortellement. «Maintenant, disait-elle, je vois où j'ai fait erreur. J'ai quelque chose à donner. Je me suis diminuée et j'ai un profond ressentiment envers les éditeurs qui ont mutilé volontairement mon nouveau livre. Je vais y aller demain et prouver que l'amour libère de la peur, de la haine et du ressentiment.»

J'étais à Londres pour une semaine seulement et avant que je ne parte, cette actrice me téléphona à mon hôtel sur la rue Bond et me dit fièrement et joyeusement: «J'ai signé un contrat aujourd'hui! Pendant deux heures hier soir, j'ai dit à haute voix: *L'amour divin remplit mon âme*, et je me suis endormie avec un profond sentiment d'amour et de bonne volonté envers toute l'humanité.»

Cette actrice avait acquis un nouveau concept de la signification de l'amour, elle l'avait intronisé dans son esprit et elle avait découvert que l'amour divin dissout tout ce qui lui est dissemblable. L'amour est la solution universelle. Elle avait réalisé pendant la conférence que la calomnie qui circulait à son sujet et qui l'enrageait particulièrement n'avait pas la puissance de la blesser, sauf à travers sa propre pensée. Elle bénit ceux qui avaient fabriqué ces absurdes racontars à son sujet et elle fut libérée.

# VOTRE DROIT ABSOLU À LA RICHESSE

## Aujourd'hui, je suis riche

Je parlais à un petit groupe dans une maison privée à Munich, en Allemagne, au sujet des lois de l'esprit. Un jeune homme, de qui j'étais l'invité, est un professeur de ski alpin extraordinaire. Lors d'une de ses excursions d'alpinisme, une de ses étudiantes, sa fiancée, fut accidentellement perdue dans une avalanche et on la retrouva morte. Il fut accusé par la loi et deux fois, la cour le trouva coupable; au troisième procès cependant, il fut exonéré de toute culpabilité. Il avait, néanmoins, un profond sentiment de culpabilité et souffrait de remords aigus. De plus, il se sentait blessé par les commentaires accusatoires de la presse locale.

Je lui expliquai qu'il ne pouvait pas être tenu responsable des actes des autres ou de leur désobéissance obstinée aux instructions en alpinisme. J'ajoutai aussi que certaines personnes ont un désir de la mort et un complexe de mort et qu'elles choisissent inconsciemment un tour de force de casse-cou qui pourrait causer leur perte. Le rejet et la haine de soi amènent les gens à se suicider par un excès d'alcool ou par une trop forte dose de tranquillisants ou d'un quelqu'autre poison. Il commença à voir qu'il se punissait inutilement et qu'à la place, il devait bénir la fille et l'abandonner à Dieu et de ce fait, se libérer lui-même et libérer son ex-fiancée.

Je lui fis remarquer que chacun de nous sur cette planète va mourir et qu'il est impossible d'avoir sa mère, son père, sa soeur, son frère ou l'être aimé pour toujours. Le temps vient où chacun fait sa transition. Ceci est une loi cosmique et universelle et elle s'applique à tous les hommes et toutes les femmes partout dans le monde. Nous devons donc écouter les murmures et les chuchotements des cordes de notre coeur et réaliser que le passage de chacun de nous à l'autre dimension est ordonné par Dieu et que s'il n'était pas bon, il ne se produirait pas.

Il est mauvais aussi de maintenir des pensées morbides ou déprimées concernant les êtres aimés puisque cette attitude déprimée et négative les retient. Nous devons les aimer et les confier à Dieu, sachant que leur voyage les fait avancer et s'élever à jamais vers Dieu. Lorsque nous pensons à eux, réalisons que l'amour de Dieu remplit leur âme.

Avec cette explication, il y eut un éclat de lumière dans ses yeux et il s'exclama: «Un poids a été enlevé de mon esprit! Je suis libre. Aujourd'hui, je suis riche!»

## Elle accueillit l'idée

Pendant une visite au temple d'Asclépios, près de Corinthe, en Grèce, j'écoutais avec une profonde attention le guide qui expliquait comment les gens des temps anciens faisaient des pèlerinages à cet ancien sanctuaire et la façon dont ils étaient guéris de toute sorte de maladies. Elle insista sur le fait que la majorité d'entre eux étaient pratiquement guéris avant qu'ils n'arrivent à cause de leur grande espérance, de leur imagination vive et de leur croyance aveugle. Elle ajouta que les documents des archives révélaient que les prêtres du temple donnaient des médicaments aux malades et les plaçaient dans une transe hypnotique; au cours de cet état de transe, le prêtre suggérait à chacun que la déesse les visiterait et qu'une guérison suivrait. Les recherches archéologiques démontrent sans l'ombre d'un doute que plusieurs guérisons remarquables suivirent.

En discutant de sa présentation sur les techniques employées dans les temps anciens, je m'aperçus qu'elle connaissait à fond les fonctionnements du subconscient et elle me dit: «Bien sûr, docteur Murphy, tous les résultats qui suivirent leur sommeil au sanctuaire étaient dus à la ferme croyance de ces gens qu'ils seraient guéris quelle que soit leur infirmité et il leur était fait selon leur croyance. Leur fervente croyance activait le courant curatif de leur subconscient, qu'ils attribuaient à diverses déesses aussi bien qu'à Asclépios, un de leurs anciens dieux.»

Ce jeune guide possédait les richesses de l'esprit. Son père était Anglais et sa mère était Grecque; elle parlait très bien les deux langues. Elle me dit qu'elle était née dans un des plus pauvres quartiers d'Athènes et que parfois, elle ne pouvait pas aller à l'école parce que ses parents ne pouvaient pas se permettre de lui acheter des vêtements convenables. Elle priait pour que Dieu lui donne l'idée et lui dise comment s'élever au-dessus de l'hypnotisme de sa condition qui étouffait tout espoir et causait une dépression mentale aiguë.

L'idée lui vint spontanément: enseigner la langue grecque aux enfants américains. En conséquence, elle entra en contact avec la femme d'un administrateur d'une compagnie de pétrole et lui offrit ses services. La femme dit: «C'est une merveilleuse idée» et tout de suite, elle l'engagea à un bon salaire. Subséquemment, cette femme l'amena aux États-Unis et dans d'autres pays en vacances, toutes dépenses payées.

Aujourd'hui, la jeune femme est riche et indépendante mais elle aime encore raconter aux touristes l'histoire de l'ancienne Grèce, de ses imposants temples, de ses châteaux médiévaux, de ses îles pittoresques et des saints sanctuaires des temps anciens. Elle n'a pas traité à la légère l'idée qui lui est venue. Au contraire, elle a réagi tout de suite et s'est prouvée que les idées sont nos maîtres et qu'elles gouvernent nos chances dans la vie.

Allez jusqu'au bout de votre idée! Ne dites pas: «Oh, c'est trop beau pour être vrai.» Dites plutôt: «J'accueille cette idée!

Je l'accepte de tout coeur et elle se réalisera dans le temps voulu par Dieu.»

### La lumière dissipe les ténèbres

J'eus une intéressante conversation avec un abbé de l'un des célèbres monastères grecs. Il disait qu'il sentait que la plus puissante des affirmations de la Bible était: *Celui qui est en vous est plus grand que celui qui est dans le monde.* Il ajouta: «Le fait de réaliser que Dieu habite dans les profondeurs de mon être en sagesse et en puissance me donne confiance et me rassure. Lorsque je demande de la lumière ou de la compréhension sur la façon de résoudre mon problème, une nouvelle vision ou une idée jaillit de moi et je vois à travers le problème à mesure que la lumière de Dieu dissipe les ténèbres dans mon esprit.»

Cet abbé a découvert le secret de la vie et la source des richesses de la vie. Il m'a dit en partant: «La réalité n'est pas seulement ce que nous voyons objectivement dans ce monde phénoménal mais aussi ce que nous pensons, sentons, imaginons et croyons.»

Tout ce qu'il a dit vraiment était ce que tous les étudiants de la science de l'esprit savent, c'est-à-dire que la Causalité Infinie est *en* nous et non à l'extérieur de nous. Souvenez-vous, le Créateur est plus grand que sa création. Le penseur est plus grand que ses pensées; l'artiste est plus grand que son art. Ne donnez pas la puissance aux bâtons et aux pierres ou aux choses extérieures. Donnez la puissance, la dévotion, la loyauté et la foi à la seule force créative, celle de votre pensée et de votre sentiment. Votre pensée et votre sentiment contrôlent votre destinée. Votre pensée-image, ressentie comme étant vraie... *est la garantie des biens que l'on espère, la preuve des réalités qu'on ne voit pas* (He 11;1).

## RÉSUMÉ DU CHAPITRE

### *Points à retenir*

1. Vous êtes spirituellement doté pour surmonter et triompher de tous les problèmes, les obstacles et les difficultés de la vie.

2. La connaissance peut vous apporter des dividendes fabuleux. Par exemple, la connaissance d'une langue étrangère peut vous ouvrir la voie à la richesse, aux voyages et à des aventures excitantes dans tous les domaines.

3. La vision ou l'estimation mentale de soi stimule votre subconscient et vous force à être tout ce que vous imaginez être. La loi de votre subconscient est la contrainte.

4. La connaissance ouvre des portes fermées. Lorsque l'homme dit: «Ce n'est pas possible», la sagesse infinie en lui dit:... *J'ai ouvert devant toi une porte que personne ne peut fermer* (Ap 3;8). Faites confiance à ce guide intérieur et des merveilles surviendront quand vous prierez.

5. Faites une nouvelle estimation intelligente de vous-même. Votre nouveau concept vous obtiendra de nouveaux contacts, de l'avancement et des richesses incalculables.

6. Vous n'êtes pas responsables des actions d'une autre personne. Tout ce que vous lui devez, c'est l'amour et la bonne volonté. Ceci vous libère et vous dégage de tout sentiment de culpabilité.

7. Accueillez la nouvelle idée qui vient dans votre esprit en réponse à votre prière. Allez jusqu'au bout de votre idée.

Arrivez à une conclusion définie et prouvez-vous que votre nouvelle idée peut apporter des richesses dans votre vie.

8. Quand vous rencontrez un obstacle, un blocage ou un dilemme mental, ayez une nouvelle conscience, c'est-à-dire une nouvelle lumière ou une nouvelle compréhension. Sachez que *Celui qui est en vous est plus grand que celui qui est dans le monde.* Croyez ceci et une nouvelle vision intérieure vous sera donnée, vous rendant capable de voir à travers tous les problèmes. Souvenez-vous que la Lumière (compréhension, nouvel aperçu, vérité, une nouvelle idée) dissipe l'obscurité. Laissez la Lumière Infinie briller en vous et toutes les ombres de la pauvreté financière s'envoleront loin de vous.

## 4

# Associez-vous à Dieu

Pendant mon récent voyage dans les nombreuses et merveilleuses îles de la Grèce, j'ai rencontré plusieurs touristes d'Australie, de Rhodésie, de l'Union sud-africaine et d'autres pays, et je fus surpris de la connaissance des lois de l'esprit que plusieurs de ces hommes d'affaires et professionnels possédaient. Le consensus était qu'ils s'alignaient eux-mêmes avec leur Moi Supérieur et comme certains d'entres eux disaient:

«Nous avons pris Dieu comme associé et nous lui avons demandé de nous diriger dans notre travail. Nous avons prié afin d'attirer les personnes adéquates pour faire le travail et pour que l'Intelligence Infinie révèle le plan parfait pour la fabrication, la vente et la distribution de nos produits. Nous attribuons notre succès et nos réussites à la direction qui nous est donnée par notre Moi Supérieur.»

Quelques-uns de ces hommes étaient constructeurs, architectes, ingénieurs, administrateurs et directeurs de mines et d'autres vastes possessions. Ils utilisaient Dieu comme leur guide, leur conseiller dans toutes les phases de leur vie et *ils prospéraient au-delà de leurs rêves les plus chers.*

Plusieurs personnes mettent Dieu dans une sorte de case pour l'en sortir seulement aux jours de fêtes, mariages, funérailles ou occasions spéciales. Dieu n'est pas un être qui vit dans les cieux mais Il est plutôt la sagesse, la puissance qui vous a créé, qui actionne le battement de votre coeur, fait pousser vos cheveux et contrôle tous vos organes vitaux, même lorsque vous dormez profondément. Si vous négligez de reconnaître et d'utiliser la sagesse et la puissance en vous, c'est comme si elles n'étaient pas là.

Dieu est le nom de l'esprit et de l'intelligence infinis en vous. Véritablement, vous utilisez constamment cette puissance, que vous le sachiez ou non. Par exemple, lorsque vous levez un doigt, c'est la puissance de Dieu en vous qui vous rend capable de faire ce geste. Lorsque vous résolvez un problème, c'est l'intelligence créatrice en vous qui vous révèle la réponse. Lorsque vous vous coupez le doigt, la présence curative infinie passe à l'action pour former un caillot et construire de nouvelles cellules autour de la blessure, dans le but de restaurer le doigt à son intégrité. Lorsque vous déversez de l'amour sur votre enfant, vous utilisez une partie de l'amour infini de Dieu. Lorsque vous engendrez la paix et la pondération, vous manifestez une partie de la paix absolue de Dieu. Joignez-vous à Dieu et laissez le bien financer arriver dans votre vie.

### Une fortune à partager

À l'île de Moni près d'Athènes, j'eus une longue conversation avec un écrivain de Johannesburg, Afrique du Sud. Il apporta quelques points intéressants, disant que plusieurs de ses articles étaient régulièrement rejetés et que son premier livre lui avait été retourné marqué *non lu* et *pas intéressé*. Il était en train de se former un complexe de rejet lorsqu'il lut un livre traitant des lois de l'esprit qui transforma son mode de pensée.

Il commença alors à utiliser son imagination plus constructivement. Il pensait aux personnages de son roman, aux situations particulières, à l'intrigue et aux vérités qu'il désirait exposer et alors, il affirmait vigoureusement le matin et le soir pendant environ une demi-heure: «La sagesse de Dieu écrit ce roman par moi. Mon intelligence est illuminée et j'écris un roman qui inspire, bénit et rend service à l'humanité.»

«Souvent, dit-il, je me réveille le matin et le roman s'écrit de lui-même à travers moi; ma conscience prend la dictée de l'intérieur.»

Tous ses écrits ont été acceptés depuis qu'il a commencé cette méthode. Il découvrit la mine de richesses en lui et l'utilisa pour élever et ennoblir l'âme de l'homme au moyen de sa plume.

Il découvrit que son esprit est une partie de l'esprit universel de Dieu et que lorsqu'il utilisait son esprit de la bonne manière, il obtenait une réponse de son esprit profond. Cet écrivain attribue beaucoup de son succès financier à sa profonde croyance dans ce verset de la Bible: *Si l'un d'entre vous manque de sagesse, qu'il la demande à Dieu - il donne à tous généreusement, sans récriminer - et elle lui sera donnée* (Jean 1;5).

### La confiance est la richesse

Le couronnement d'une visite en Grèce est un voyage au Cap Sounion qui est dominé par le spectaculaire marbre blanc du temple de Poséidon, le dieu de l'océan. Contempler le coucher du soleil de cette pointe de terre est un spectacle d'une rare splendeur et d'une indescriptible beauté.

C'était dans cette atmosphère que je conversai longtemps avec mon guide et elle me raconta son histoire. Elle était née dans la région la plus pauvre d'Athènes et elle avait un profond complexe d'infériorité. Lorsqu'elle était très jeune, elle avait l'habitude de surveiller les touristes qui engageaient les guides pour les conduire aux fabuleux endroits historiques en Grèce. Elle dit à son père et à sa mère qu'un jour elle voulait être brillante et intelligente pour pouvoir agir comme guide et ils la ridiculisèrent, lui rappelant que l'instruction était pour les riches et qu'elle était née du mauvais côté de la rue.

Néanmoins, elle se cramponna à son idée et lorsqu'elle grandit et alla à l'école secondaire, elle demanda au principal si elle pouvait devenir archéologue. Il lui dit: «Oui, si tu as confiance en toi-même. Et tu gagnes la confiance en croyant que *Dieu et moi pouvons le faire.*»

Elle me dit: «J'ai vécu avec cette phrase dans mon coeur et je poursuis maintenant ma troisième année en archéologie et je serai qualifiée dans environ deux autres années.»

Sa confiance en sa puissance de devenir ce qu'elle voulait être se transforma en *argent, en enthousiasme, en amour du travail, en vitalité, en charme et en une merveilleuse, radieuse personnalité.* Ceci est sa citation préférée de la Bible: *En définitive, rendez-vous puissants dans le Seigneur et dans la vigueur de sa force* (Ep 6;10).

L'idée de devenir archéologue était intronisée dans son esprit et devint reine et souveraine; alors son subconscient, rempli de sagesse et de puissance, l'amena à se réaliser selon l'Ordre Divin.

## Le génie est en vous

Je prenais le repas avec un éminent homme d'affaires du Cap, en Afrique du Sud, que j'avais rencontré pendant cette tournée européenne. Il dit franchement que des années

auparavant, il avait fait faillite quatre fois dans des affaires ris-
quées au Cap, à cause principalement du fait qu'il avait
écouté l'avis de soi-disant experts concernant l'endroit où
établir des sites d'affaires, la façon d'acheter, la promotion et la
publicité. Il ajouta que la cause de son problème était qu'il
s'était appuyé sur les autres pour les conseils et que sa misère,
sa souffrance et ses échecs étaient causés par son manque de
conscience de son génie personnel.

Sa femme lui suggéra de placer sa confiance en son Moi
Supérieur. Elle dactylographia une citation de la Bible et lui
conseilla de vivre mentalement avec elle et le succès lui serait
alors assuré. Cette clé du succès était: *En retour, mon Dieu
comblera tous nos besoins selon sa richesse, avec magni-
ficence...* (Ph 4;19).

De là, il commença à s'harmoniser avec l'Infini, réalisant que
chaque problème qu'il rencontrait était divinement résolu
parce que Dieu, le Sage des sages, était en lui et répondait à
son appel. Il ne considérait plus les conditions, les circonstances et les problèmes comme étant plus grands que lui;
au contraire, il savait qu'il pouvait les résoudre et les surmonter. Il commença à s'attaquer à chaque difficulté avec foi
et confiance, sachant qu'il y avait une façon d'en sortir et qu'il y
avait une joie très vive à les surmonter. Il commença à aimer
les défis qu'il rencontrait sur son chemin!

Il découvrit une sagesse et une intelligence en lui et cessa
d'être une victime hypnotisée par les conditions et les circonstances auxquelles il était confronté. Aujourd'hui, il est immensément couronné de succès et il emploie des centaines de
personnes; et avec le plaisir qui vient du succès, il contribue à
diverses institutions de recherche et à des organismes chari-
tables. *Qu'elle entre, la nation juste... dont le caractère est
ferme, qui conserve la paix, car elle se confie en toi* (Is 26;3).

## Vous pouvez triompher

Dans l'hôtel où je logeais à Francfort, en Allemagne, je rencontrai un jeune médecin qui me dit qu'il avait réussi à aller à l'université en payant toutes ses dépenses. Lorsqu'il reçut ses diplômes, ces pensées lui vinrent à l'esprit: «Tu n'as pas d'argent. Tu ne peux pas ouvrir un bureau dans un beau quartier. Tu ne peux pas équipé ton cabinet convenablement.»

Ayant étudié la psychologie médicale, il savait que ces suggestions négatives agissaient sur son esprit et que, comme telles, elles n'avaient aucune puissance. Il savait que les seules puissances créatrices étaient sa pensée et son sentiment. Il plaça sa confiance en la puissance créatrice de son esprit plutôt que sur les suggestions limitatives et fausses des circonstances.

Il nettoya son esprit des croyances aux entraves, aux obstructions, aux délais et aux obstacles et il appela la puissance créatrice de son esprit pour ouvrir le cabinet idéal pour lui. Il s'imagina constamment et volontairement dans un cabinet somptueux, entouré des plus récentes pièces d'équipement de sa profession et affirma que l'Ingelligence Infinie de son subconscient travaillait maintenant à sa requête, l'amenant à se réaliser selon l'Ordre Divin.

Peu de temps après, une femme appela à sa résidence où il avait temporairement installé son cabinet dans la maison de son père. Elle souffrait d'une douleur aiguë qu'il diagnostiqua comme une appendicite aiguë. Il la transporta d'urgence à l'hôpital, pratiqua l'intervention chirurgicale requise et elle se rétablit remarquablement bien.

Éventuellement, ils tombèrent amoureux l'un de l'autre. Non seulement finança-t-elle un nouveau cabinet pour lui mais elle lui acheta une Rolls Royce qui fut livrée d'Angleterre le jour de leur mariage. Le père de la mariée était un industriel immensément riche et il fut enchanté d'avoir l'occasion de donner à son gendre tout l'équipement moderne de ce nouvel âge de la médecine.

Ceci démontre que vous n'êtes pas une victime des circonstances sauf si vous croyez l'être. Permettez à la sagesse illimitée de l'Être Infini de circuler à travers vous et toutes les conditions financières de votre vie changeront, miraculeusement et immédiatement!

Ce dont vous avez réellement besoin, comme ce jeune médecin, est de découvrir et de prendre connaissance de votre puissance intérieure, qui s'appelle l'auto-réalisation. L'Homme-Dieu habite en vous. Mais des millions de gens dans le monde restent malades, frustrés, abattus et pauvres pour la simple raison qu'ils ignorent complètement la vie de Dieu en eux.

Votre tâche et la mienne sont de devenir conscients de cette Présence Divine et de nous libérer des inhibitions, des frustrations et de la pauvreté. *Réconcilie-toi avec lui (Dieu) et fais la paix: ainsi ton bonheur te sera rendu* (Jb 22;21). Familiarisez-vous avec vos forces intérieures et vous connaîtrez le bonheur, la prospérité et la paix de l'esprit.

Vous pouvez être aussi heureux sur le boulevard Hollywood qu'en vivant près des lacs de Killarney. En vérité, le lieu n'a rien à voir avec votre santé, votre richesse ou votre succès. Vous créez personnellement votre succès, votre richesse et votre prospérité.

Votre Moi Supérieur parle en ce moment à travers vous, vous poussant à avancer, à vous élever et à aller vers Dieu.

Dieu parle à chacun de nous à travers nos désirs qui, en réalité, sont la voix de Dieu cherchant à s'exprimer à travers nous.

Vous êtes le clavier infini de Dieu et vous êtes ici pour jouer la mélodie de Dieu. Peu importe ce que vous commencez, une tâche, un emploi, des études, allez-y avec coeur, enthousiasme et confiance jusqu'au bout. Vous constaterez qu'en commençant dans l'amour de Dieu, vous finirez dans l'amour du bien ou de Dieu. Commencez votre nouveau travail avec foi et confiance en Dieu et vous serez conduit à la victoire, au triomphe et à la gloire, et certainement au succès financier.

### Elle dit que le commencement et la fin ne font qu'un

J'écoutais une jeune musicienne jouer de la harpe à Killarney, en Irlande. J'étais accompagné d'une de mes soeurs qui vit en Angleterre et qui enseigne le français, le latin et les mathématiques. Ma soeur commenta: «C'est la plus belle musique que j'aie jamais entendue. Comme harpiste, elle est superbe.»

Nous invitâmes la jeune femme à notre table pour le souper et elle dit: «Avant de jouer, je prie toujours ainsi: *Dieu, le Grand Musicien, joue à travers moi. Je suis sa sevante et je joue pour Lui et Il joue à travers moi sa propre chanson, la mélodie de l'amour, car Dieu est amour.* C'est ainsi que je commence et la loi de la vie dit que le commencement et la fin ne font qu'un. Je commence avec l'amour, la louange et l'adoration des choses divines et le résultat doit être l'image et la ressemblance de son amour, sa beauté et sa gloire.

## RÉSUMÉ DU CHAPITRE

### Points d'intérêt

1. Associez-vous à Dieu et vous vous enrichirez.

2. Vous avez une fortune à partager. Trouvez l'énorme puissance et la sagesse qui résident dans votre subconscient et vous pourrez devenir inspiré, béni et prospère de façons infinies. Vous pouvez rendre de grands services à l'humanité.

3. Souvenez-vous que votre confiance, votre foi et votre compréhension des lois de l'esprit se transforment en santé, richesse et succès.

4. Le génie est en vous. Lorsque vous êtes en accord et en rapport avec la sagesse de l'intelligence de votre subconscient, le génie se révélera en vous. L'Intelligence Infinie de votre subconscient peut résoudre tous vos problèmes d'approvisionnement financier et vous donner les bonnes réponses.

5. Chaque problème est divinement résolu. Les conditions et les circonstances ne sont pas créatrices; la puissance créatrice est dans votre pensée et votre sentiment plutôt que dans les fausses suggestions limitatives de l'extérieur.

6. La loi de la vie est que le commencement et la fin font un. Commencez un nouveau projet avec coeur, enthousiasme, foi et confiance, et le résultat de vos efforts sera à l'image et à la ressemblance de l'humeur et du ton dans lesquels vous aurez commencé. Commencez avec foi dans la puissance de Dieu en vous et vous aurez de merveilleux résultats dans toutes vos entreprises, même financières.

# Comment prier et s'enrichir

Dans les profondeurs de la terre, vous pouvez trouver des richesses innombrables telles l'or, l'argent, le platine, l'uranium, le gaz, l'huile, les diamants et d'innombrables autres pierres et métaux précieux, en plus des incalculables produits dérivés de ceux-ci. Cependant, tel que mentionné précédemment, les vraies richesses de la vie reposent dans les profondeurs subliminales de l'homme. C'est l'intelligence innée de l'homme qui le rend capable de toujours trouver, utiliser et distribuer les trésors de la terre.

Les choses les plus précieuses de l'univers sont en vous. Par exemple, dans vos profondeurs inconscientes, vous trouverez la sagesse illimitée, l'intelligence infinie, la puissance illimitée et toutes les merveilles et les gloires de la Présence de Dieu. Vous pouvez demander la direction et l'orientation et vous les recevrez. Vous pouvez exploiter vos richesses intérieures et rapporter des pierres précieuses et des joyaux sous forme de nouvelles idées créatrices, d'inventions, de découvertes, de glorieuses musiques, de nouvelles chansons et de réponses à tous problèmes. Ayant trouvé la mine de richesses intérieures, vous trouverez positivement, définitivement et absolument les richesses extérieures de la nature. Car *tel est l'intérieur, tel sera l'extérieur.*

## Comment elle découvrit l'or spirituel

Récemment, je reçus une lettre d'une femme qui disait: «Mon mari et moi sommes mariés depuis trente ans. Il a soixante-cinq ans et j'en ai cinquante et un. Nous avons été bénis de cinq enfants. J'ai eu une vie heureuse et paisible, ou du moins l'imaginais-je ainsi. Récemment, cependant, mon mari me confessa qu'il avait une aventure depuis plus de trois ans avec une jeune sténographe du bureau où il travaille. Il me demanda calmement de le comprendre jusqu'à ce que la relation *soit complètement finie.*

«Je suis fâchée, remplie de haine et de ressentiment et profondément blessée; les enfants sont renversés. Je perds confiance en moi, même si les autres disent que je suis attrayante, intelligente et charmante. Je broie du noir et je ne peux pas dormir. J'ai été trahie. Je suis au désespoir. Que dois-je faire?»

Je répondis en lui expliquant que son mari était sans aucun doute moralement faible et avait un sentiment très profond d'insuffisance et d'infériorité. Son badinage prolongé avec cette femme montre que sa loyauté et son caractère sont brisés, parce qu'il exploite cette jeune femme, qui est une compagne de travail et pour qui il ne ressent aucune obligation ou responsabilité comme on peut le voir dans son affirmation: *jusqu'à ce que tout soit fini.*

J'ajoutai ceci dans ma lettre: «Votre mari a un profond sentiment de culpabilité et une grande peur des conséquences. Il connaît les effets dévastateurs sur vous du fait qu'il vous informe de cette liaison. La raison probable de ceci est que la jeune femme, c'est-à-dire sa maîtresse, le pousse à vous divorcer pour la marier.

«Il est maintenant devant un dilemme mental, et en même temps qu'il est habitué à la connivence habituelle avec sa maîtresse, il veut inconsciemment rester uni à vous. Parlez à votre mari franchement et dites-lui clairement qu'il doit avoir le courage moral, la discipline mentale et la virilité nécessaire pour mettre fin à la liaison tout de suite. Dites-lui que cela doit être fait parce que vous ne continuerez pas à vivre de cette manière. Lorsqu'il n'y a pas de loyauté mutuelle dans le mariage, celui-ci devient une farce, une masquarade et une supercherie. Le fait qu'il se confie à vous est possiblement un désir de sa part de se ranger de votre côté avant que sa maîtresse ne vous raconte les faits et vous demande de le libérer.»

Je mis de l'emphase sur le fait qu'elle devait avoir une conversation franche avec son mari, tel que mentionné plus haut, et je l'incitai aussi à prier fréquemment comme suit: «J'irradie l'amour, la paix, la bonne volonté et la joie à mon mari. Il y a de l'harmonie, de la paix et une compréhension divine entre nous. Je salue la divinité dans mon mari et l'amour divin nous unit en tout temps. Dieu pense, parle et agit à travers lui, aussi bien qu'Il pense, parle et agit à travers moi. Notre mariage est consacré à Dieu et à son amour.»

Elle pria de cette façon pendant environ une semaine, puis elle eut une conversation à coeur ouvert avec son mari. À ce moment-là, il pleura abondamment et la supplia de lui pardonner. Aujourd'hui, l'harmonie, la paix et l'amour remplissent leur foyer. Quand cette femme eut décidé de creuser, elle trouva en peu de temps l'or spirituel en elle.

### La mine d'or est en vous

Récemment, j'eus une conversation des plus intéressantes avec un chirurgien, à Killarney, en Irlande. Lui et sa charmante épouse visitaient le pays. Nous commençâmes à parler des merveilles de l'esprit et cet homme me raconta une fabuleuse histoire concernant son père. En voici l'essence et je vais vous la présenter de la façon la plus simple possible.

Ce jeune chirurgien était le fils d'un mineur dans le pays de Galles. Son père avait travaillé de longues heures à de très petits salaires; lorsqu'il était jeune, le chirurgien allait à l'école pieds nus parce que son père ne pouvait pas se permettre de lui acheter des souliers. Les fruits et la viande apparaissaient sur la table deux fois par année, principalement à Pâques et à Noël; le lait de beurre, les pommes de terre et le thé représentaient la principale diète de cette famille.

Un jour, ce jeune homme dit à son père: «Papa, je veux être chirurgien et je vais te dire pourquoi. Le garçon avec qui je vais à l'école avait des cataractes; le spécialiste des yeux l'a opéré et maintenant il voit parfaitement. Je veux réussir comme ce médecin.»

Son père répliqua: «Mon fils, j'ai mis de côté 3 000 livres sterling (environ $8 000) depuis vingt-cinq ans. Cet argent a été placé pour ton instruction mais je préférerais que tu n'y touches pas jusqu'à ce que tu aies fini tes études en médecine. Tu pourras alors l'utiliser pour ouvrir un beau cabinet sur la rue Harley (quartier de Londres où se trouvent les spécialistes) avec tout l'équipement nécessaire à l'exercice de ta profession. Entre-temps, l'argent rapportera des intérêts et tu vivras en sécurité. Tu sais qu'à n'importe quel moment où tu en aurais vraiment besoin pendant tes études en médecine, tu pourrais toujours y avoir recours. Cet argent t'appartient mais je préférerais que tu le laisses accumuler des intérêts. Ainsi, quand tu recevrais ton diplôme, tu aurais un beau petit magot.»

Le jeune homme en fut extrêmement ému et il promit de ne pas toucher à cet argent jusqu'à sa sortie de l'école de médecine. Tout au long de ses études, pour payer ses dépenses, il travailla dans une pharmacie les soirs et jours de congé; il se fit aussi de l'argent comme professeur en pharmacologie et en chimie à l'école de médecine. Il voulait à tout prix honorer la promesse faite à son père de ne pas toucher l'argent à la banque jusqu'à la fin de ses études.

Le jour de la collation des diplômes arriva enfin et son père lui dit: «Mon fils, j'ai extrait du charbon toute ma vie et je n'ai rien accompli. Il n'y a aucun shilling, aucun penny à la banque et il n'y en a jamais eu. Je voulais que tu creuses pour trouver les trésors dans la mine d'or sans limites, inépuisable et éternelle qui est en toi.»

«Pendant un instant, dit le chirurgien, je fus ahuri, confus et interdit. Après quelques minutes, je surmontai ma consternation et le choc et alors, tous les deux, nous éclatâmes de rire. Je réalisai alors que ce que papa avait réellement voulu m'enseigner était la sensation de richesse engendrée par la pensée que j'avais de l'argent en banque pour me supporter si j'en avais besoin. Cela me donna courage, foi et confiance et me fit croire en moi-même. Le fait de croire que j'avais 3 000 livres sterling à la banque avait atteint le même but que si elles avaient véritablement été déposées à la banque à mon nom.»

Ce chirurgien fit la remarque que tout ce qu'il avait accompli extérieurement n'était rien d'autre qu'un symbole de sa foi, de sa vision et sa conviction intérieure. Il n'y avait pas eu d'argent du père pour supporter cet étudiant en médecine, même pas un sou, mais regardez les merveilles qu'il a accomplies dans sa vie! Pour chaque homme sur terre, le secret du succès, de l'accomplissement, de la réalisation, de l'achèvement de son but est de découvrir la puissance miraculeuse de sa pensée et de son sentiment. Notre ami chirurgien *a agi avec confiance* exactement comme si l'argent avait été là.

VOTRE DROIT ABSOLU À LA RICHESSE

## *Son investissement se multiplia excessivement*

Récemment, je reçus une lettre d'un homme qui avait assisté à une conférence que je donnais sur *Votre subconscient est une banque*. Je cite en partie:

«Cher docteur Murphy,

J'ai assisté à votre conférence sur la façon d'utiliser le subconscient comme une banque. Je n'avais jamais vu cela de cette façon auparavant. Puis soudainement, j'ai réalisé que mes pensées, mes images mentales, mes humeurs et mes attitudes étaient des investissements dans le subconscient. Je suis devenu conscient que j'avais été un penseur négligent car j'avais déposé dans mon subconscient du ressentiment, de la paresse, de la procrastination, de l'irritabilité et de l'auto-condamnation. Il est vrai que mon subconscient multipliait toutes ces choses négatives excessivement et je finis par aller à l'hôpital avec des ulcères.

Il y a trois mois que j'ai assisté à votre conférence. Le premier soir après vous avoir entendu, j'ai commencé à penser à Dieu, non pas comme à un homme qui règne dans les cieux avec les caprices et les faiblesses de l'homme, mais comme une Intelligence Infinie pénétrant toute chose et dirigeant le cosmos tout entier et me répondant instantanément. Je commençai à affirmer à haute voix sincèrement et consciemment: *La puissance de Dieu, la force, la paix, la sagesse et la joie sont maintenant miennes. Son amour remplit mon âme et sa lumière me révèle les meilleures façons de servir l'humanité.*

Depuis que j'ai commencé à déposer ces idées dans ma banque personnelle (mon subconscient), de merveilleuses idées créatrices me sont venues de la mine d'or en moi. Mon

70

COMMENT PRIER ET S'ENRICHIR

entreprise a augmenté de trois cents pour cent. Je suis en santé, heureux, joyeux et rempli du rire de Dieu. C'est merveilleux!»

## Vous êtes riche maintenant!

Relaxez, détendez-vous et dites-vous: «Je vais creuser mentalement en moi et tirer des idées merveilleuses pour un meilleur service et une meilleure réalisation. Je sais que j'ai des ressources, des qualités et des aptitudes intérieures que je n'ai jamais exploitées. Je sais que l'Intelligence Infinie me les révèle maintenant alors que, consciemment, je puise dans la mine en moi.»

Vous serez surpris de voir combien de nouvelles idées qui vous viennent peuvent être transformées en richesse. Reconnaissez votre maison du trésor intérieur, organisez vos idées et mettez-les en action.

## Votre idée peut valoir des milliards

Le charbon reposait en filons dans le sol depuis les jours du déluge; un travailleur recherchant la richesse utilisa son pic pour la ramener à la surface. Cette découverte résultat en emplois pour des millions de personnes partout dans le monde et servit de moyens pour amasser des fortunes innombrables. Le charbon transporte la chaleur des tropiques au cercle arctique et rend les maisons de la région polaire aussi chaudes que celles de Los Angeles.

Ce jeune garçon écossais, creusant mentalement en lui pour trouver une nouvelle idée qui apporterait de l'argent pour lui et pour les autres, visualisa une fortune dans la vapeur qui s'échappait d'une théière lorsque la vapeur soulevait le couvercle. Tout à coup, la force expansive de la vapeur vint à son esprit et cette idée fut le début de la machine à vapeur qui révolutionna le monde, qui fournit du travail à d'incalculables millions d'individus et entraîna la création de richesses fabuleuses partout dans le monde.

Récemment, quelqu'un attira mon attention sur une affirmation d'Henry Ford. Lorsqu'on lui demanda ce qu'il ferait s'il perdait tout son argent et son entreprise, il répondit: «Je penserais à un autre besoin fondamental des gens et je répondrais à ce besoin en offrant un service moins cher et plus efficace que toute autre personne ne pourrait le faire. En cinq ans, je serais de nouveau multimillionnaire.»

D'énormes occasions favorables vous attendent dans cet âge électronique et spatial. Demandez à votre esprit profond de vous donner de nouvelles idées créatrices et inspirantes et vous libérerez les puissances créatrices de votre subconscient. Vous trouverez un besoin de l'humanité qui, en temps et lieu, vous enrichira et vous bénira. Commencez maintenant à libérer cette splendeur emprisonnée en vous!

### Votre fortune commence avec vous

La richesse et la pauvreté ont leur origine dans votre propre esprit. Vous devez prendre la décision bien arrêtée que vous voulez être riche et couronné de succès. La richesse n'est pas une question de hasard, de chance ou de coïncidence. *La seule chance que vous avez est celle que vous vous créez.*

Un jeune cadre assez brillant me dit: «Je travaille très fort pendant de longues heures. Mes suggestions et mes recommandations ont été acceptées par l'administration et l'entreprise en a tiré profit. Mais, au temps des promotions, on m'a oublié depuis trois ans. Même mes subalternes ont reçu augmentations et promotions.»

Cet homme était laborieux, intelligent et apparemment, il s'acharnait au travail. Le problème se trouvait dans sa relation avec son ex-épouse.

Pendant trois ans, il y avait eu un litige concernant la division de leur propriété, la pension alimentaire et le soutien des enfants. Inconsciemment, il ne voulait pas faire plus d'argent jusqu'à ce que la poursuite judiciaire soit terminée puisqu'il sentait que plus il ferait d'argent, plus le montant de la pension alimentaire déterminée par la cour serait élevé. Il lui déplaisait déjà de payer la pension temporaire fixée par la cour, croyant qu'elle était excessive, et il attendait la décision finale du tribunal.

Je lui expliquai la façon de fonctionner de son subconscient et que, véritablement, il décrétait qu'il ne voulait pas plus d'argent et qu'il avait définitivement imprégné ses émotions de ce concept négatif. De plus, son ressentiment, son hostilité, son antagonisme et son désir de ne pas donner de richesse à son ex-épouse étaient imprégnés dans son subconscient et se manifestaient dans toutes les phases de sa vie financière.

Lorsque vous refusez mentalement la richesse d'un autre, vous la refusez automatiquement pour vous-même. C'est pourquoi la règle d'or dit de penser, de parler et d'agir en bien envers votre prochain; et de ne jamais vous abandonner à la haine, au ressentiment ou à la critique malveillante pour la simple raison que vous êtes le seul penseur dans *votre* univers et que vos pensées négatives provoquent des réactions négatives dans tous les domaines de votre vie. Votre subconscient fabrique et projette constamment sur l'écran de l'espace la *totalité* de votre schème de pensée.

Ce jeune exécutif prit conscience qu'il avait lui-même bloqué son développement et sa promotion. La réponse à son problème était en lui. Il en vint à un point d'équilibre en lui et réalisa que l'amour rejette la haine et qu'en désirant la santé, l'amour, la paix et la prospérité pour son ex-épouse et ses enfants, il attirerait également pour lui tous ces avantages. Il commença à voir qu'elle avait droit à une somme raisonnable d'argent pour le soutien de ses trois enfants, qu'il devait la donner volontiers, joyeusement et avec amour et qu'en la donnant librement, elle lui reviendrait multipliée. Il mit fréquemment en pratique la prière suivante:

«Dieu est amour et Dieu est vie. Cette vie est unique et indivisible. La vie se manifeste elle-même dans et à travers les gens; elle est au centre de mon être. Je sais que la lumière dissipe les ténèbres; ainsi, l'amour surmonte maintenant toutes les conditions négatives. L'amour et la haine ne peuvent demeurer ensemble. Je dirige maintenant la lumière de Dieu sur toutes pensées de peur ou d'anxiété dans mon esprit et elles disparaissent. L'aube (lumière de vérité) apparaît et les ombres (peur et doute) s'envolent.

«Je sais que l'amour divin me protège, me guide et éclaire ma route. Je me développe dans le divin. J'exprime maintenant Dieu dans toutes mes pensées, mes paroles et mes actions; la nature de Dieu est amour. Je sais que *l'amour parfait rejette la peur.*»

En quelques semaines, il y eut une transformation intérieure dans ce jeune homme et il devint aimable, affable, génial et aimant. Il vécut une renaissance spirituelle. Ses affaires financières prirent immédiatement une meilleure tournure et il reçut une très belle promotion.

Le dénouement fut assez révélateur. Son ex-épouse demanda la réconciliation et la lampe de l'amour qui les avait unis au départ les conduisit vers l'autel où leurs coeurs s'unirent encore pour ne faire qu'un... *ce que Dieu a uni, l'homme ne doit point le séparer* (Matt 19;6).

## *Comment prier et s'enrichir*

Voici une prière quotidienne infaillible pour l'approvisionnement financier:

«Je sais que mon bien existe en ce moment précis. Je crois en mon coeur que je peux prédire pour moi-même l'harmonie, la santé, la paix et la joie. J'intronise maintenant les concepts de paix, de succès et de prospérité dans mon esprit. Je sais et je crois que ces pensées (graines) croîtront et se manifesteront dans mon existence. Je suis le jardinier; ce que je sème, je le récolterai. Je sème des pensées (graines) semblables à Dieu; ces merveilleuses graines sont la paix, le succès, l'harmonie et la bonne volonté. C'est une merveilleuse moisson.

«À partir de maintenant, je dépose dans mon subconscient des graines ou des pensées de paix, de confiance, de pondération, de prospérité et d'équilibre. Je récolte les fruits des merveilleuses graines que j'y dépose. Je crois et j'accepte le fait que mon désir est une graine déposée dans le subconscient. Je la rends réelle en sentant sa réalité. J'accepte la réalité de mon désir de la même manière que j'accepte le fait qu'une graine déposée dans le sol croîtra. Je sais qu'elle croît dans l'obscurité; mon désir ou mon idéal croît dans l'obscurité de mon subconscient. En peu de temps, comme la graine, il apparaît sur le sol (se concrétise) dans une condition, une circonstance ou un événement. Voici la véritable source de mon approvisionnement financier complet.

«L'Intelligence Infinie me gouverne et me guide en tout. Je médite sur toutes les choses qui sont vraies, honnêtes, justes, belles et de bon aloi. Je pense à ces choses et la puissance de Dieu est avec mes pensées de bien. Je suis en paix parce que je suis infiniment prospère.»

*Enfin, frères, tout ce qu'il y a de vrai, de noble, de juste, de pur, d'aimable, d'honorable, tout ce qu'il peut y avoir de bon dans la vertu et la louange humaines, voilà ce qui doit vous préoccuper (Ph 4;8).*

## RÉSUMÉ DU CHAPITRE

### *Points à réviser*

1. Les vraies richesses de la vie reposent dans les profondeurs de votre subconscient. La maison du Trésor est en vous et vous pouvez en extraire de fabuleuses richesses à travers la prière objective.

2. Une femme intelligente ne donne pas de puissance à la maîtresse de son mari. Elle sait qu'il est mentalement malade et que l'autre femme est frustrée, névrosée et inhibée. Elle discute franchement le sujet avec son mari et prie pour passer à travers.

3. Les richesses sont spirituelles. La foi, la confiance, le zèle, l'enthousiasme et la croyance en vous sont traduits en santé, succès, richesses et réalisation. Un garçon pauvre devint un célèbre chirurgien en croyant que son père avait beaucoup d'argent pour payer toutes ses dépenses à l'école de médecine. Mais le père n'avait pas un sou pour l'aider. Constatez la magie engendrée par la croyance dans l'esprit du garçon! Familiarisez-vous avez les nuances de votre pensée et votre sentiment et transformez votre vie!

4. Vos pensées, vos images mentales, vos croyances, vos attitudes et vos sentiments sont des investissements que vous déposez dans votre subconscient. Votre subconscient donne un intérêt composé, c'est-à-dire qu'il grossit tout ce que vous y déposez. Imprégnez votre subconscient d'amour, de foi, de confiance, d'action juste, de direction, d'abondance, de sécurité et de bonne humeur et lorsque vous aurez besoin d'amour, de confiance ou d'une réponse à un problème, votre subconscient vous les fournira. C'est la façon d'extirper les trésors de votre mine d'or intérieure.

5. La seule chance que vous ayez est celle que vous vous créez. Si vous refusez la richesse d'un autre ou si vous désirez mentalement empêcher son bien, en plus de vous blesser personnellement, vous vous privez des richesses de la vie. Vous êtes le seul penseur dans votre univers et ce que vous pensez, vous le créez. Créez la richesse en désirant pour tous les hommes toutes les richesses célestes.

# La loi magique de la dîme

Le mot *dîme* signifie *un dixième* de la proportion du revenu d'un homme consacré pour répondre aux besoins des églises depuis les temps les plus anciens. Les dîmes tirées de la production annuelle des champs, des fruits et des troupeaux étaient offertes au service de Dieu par les différents peuples, de Babylone jusqu'à Rome.

Le manque d'uniformité dans la Bible en ce qui a trait à la loi de la dîme est principalement dû au fait que le principe général du don était pratiqué de diverses façons dans différentes régions et qu'il était sujet à des ordonnances qui changeaient sous les pressions ecclésiastiques et politiques.

Verser la dîme est une des lois fondamentales de la vie et sa pratique se perd dans l'antiquité. Le fermier doit verser la dîme dans le but de récolter une moisson. Son don est le dixième du grain, du maïs, de l'orge ou de l'avoine qu'il redonne au sol; autrement, il n'aurait pas de récolte.

La façon idéale de verser la dîme de votre richesse est de donner un certain pourcentage de votre argent, de votre terre, de vos actions, de vos bons ou toute autre forme de richesse matérielle, pour la propagation de la vérité, habituellement en subvenant aux besoins des églises ou des activités qui sont engagées dans la dissémination des vérités éternelles de Dieu.

## *La véritable signification de la dîme*

Les dîmes ne sont pas seulement les sommes que vous donnez librement pour encourager la propagation de la vérité humaine et l'activité spirituelle de votre choix; verser la dîme se rattache à vos croyances, vos convictions, vos estimations et les images mentales que vous acceptez intérieurement comme étant vraies à votre sujet, au sujet des autres et du monde en général. Tout ce que vous acceptez consciemment et croyez comme étant une vérité sur vous, sur Dieu et sur l'univers constitue aussi les versements définis (impressions) à la maison du Trésor de votre subconscient.

Souvenez-vous que l'Intelligence Infinie (Dieu) répond à la nature de votre pensée. Dieu ne fera rien pour vous sauf à travers votre pensée, vos images mentales et votre croyance. Dieu vous a créé et Il a organisé l'univers et toutes les choses qu'il contient. Vous êtes ici pour puiser la puissance et la sagesse en vous et mener une vie remplie, heureuse et prospère. Vous êtes aussi ici pour contribuer aux richesses, à la prospérité, au succès et au bien des autres.

## *Un avocat découvre la magie de la dîme*

À un ami avocat qui m'avait exposé un de ses problèmes, j'expliquai la signification spirituelle de la dîme. Cet avocat devait se rendre à la Nouvelle-Orléans pour le compte d'un client. Ce client lui avait expliqué qu'un avocat de la Louisiane, qu'il devait rencontrer bientôt, était désobligeant, rebelle et belligérant.

Je suggérai à mon ami qu'il verse la dîme, c'est-à-dire qu'il présume que l'action de Dieu prendrait place dans l'esprit et le coeur de l'avocat en question et que ce jugement mental ou cette conviction devrait être telle qu'il y ait une solution harmonieuse et divine, bénissant tous ceux qui étaient concernés.

Comme résultat, avant sa visite, mon ami avocat pria fréquemment pour que l'harmonie, la paix, l'amour et la compréhension règnent en souveraines à sa conférence avec l'autre avocat à la Nouvelle-Orléans. Lorsque la conférence eut enfin lieu, la plus grande coopération, cordialité et douceur gouvernèrent véritablement la réunion. Celle-ci se termina dans une entente légale et financière satisfaisante pour tous ceux qui étaient concernés.

L'action et la réaction sont universelles et constantes. Votre pensée est l'action. La réaction est la réponse de votre subconscient à la nature de votre pensée.

Le point le plus important à réaliser est que l'idée spirituelle (verser la dîme) derrière toute entrevue, transaction ou activité en est vraiment sa réalité. L'avocat mentionné plus haut réalisa rapidement cette profonde vérité: chacune de vos actions prend le ton et le couleur de votre conception et de votre croyance à son sujet.

### La loi de la dîme accomplit des merveilles pour un gérant de ventes

Un éminent gérant de ventes qui assiste à mes conférences me dit une fois qu'il versait la dîme avant d'offrir son cours sur la vente à ses deux cents vendeurs. S'il parle pendant une heure, il consacre le dixième de cette heure à Dieu. Il y a soixante minutes dans une heure et il consacre régulièrement six minutes à la prière et la méditation avant son cours à l'équipe de vente. Il prie comme suit:

«Je suis rempli de la sagesse, de l'amour et de la puissance de Dieu. Tous mes vendeurs sont guidés, dirigés, inspirés et réceptifs aux nouvelles idées. Je suis illuminé et inspiré du Très-Haut dans mon exposé et je suis rempli d'idées originales et créatrices qui réjouissent les vendeurs, nos clients et chaque personne concernée. L'Intelligence Infinie pense, parle et agit à travers moi et tous ceux qui sont présents à mon cours sont richement bénis de tout bien, de cadeaux parfaits venant du Père de la Lumière.»

Ce gérant de ventes me dit que depuis qu'il a commencé à consacrer le dixième de son temps à Dieu, il a donné les meilleurs cours de sa vie et récemment, comme résultat de son excellent travail, il fut promu vice-président exécutif de son entreprise multimillionnaire.

### Un ingénieur verse la dîme à sa façon et change le cours des événements

Un ingénieur en chimie, vice-président de l'entreprise pour laquelle il travaille, me dit récemment qu'une des compagnies à qui il avait fourni certains produits de recherche devait, à sa firme, la somme de $10 000 que personne n'avait pu percevoir.

Il me dit qu'il avait visité son client et lui avait donné une transfusion de foi. L'ingénieur ajouta: «Je lui ai fait comprendre que nous avions confiance en lui, que nous croyions en lui et que nous savions qu'il serait capable de nous payer au complet. Je l'invitai à souper et lui dis que nous respections son intégrité et son honnêteté et qu'il avait été prompt et fidèle dans toutes ses transactions avec nous pendant plus de vingt ans. Je lui dis aussi que notre foi et notre confiance en lui n'avaient jamais diminué et que personnellement, je priais pour sa prospérité, sa croissance et son expansion dans tous les domaines.»

Une semaine passa et il reçut une lettre du client qui affirmait avoir véritablement envisager la faillite mais que: «Vous m'avez redonné foi et confiance en moi; je crois encore en moi et en mon aptitude à accomplir. Le cours des événements a changé et mes clients qui, précédemment, avaient été lents à payer, m'ont maintenant payé. Maintenant, je vous paie ma facture au complet!»

Le vice-président avait louangé, béni et élevé cet homme qui répondit de tout coeur à la foi et à la confiance de celui-ci. Le problème financier s'harmonisa en conséquence.

### Comment un artiste se donnait à la beauté

Un artiste renommé me raconta les merveilleux résultats qu'il obtint en versant la dîme pour la beauté. Il priait régulièrement comme suit:

«Dieu est la beauté indescriptible, l'harmonie absolue et l'amour sans fin. La beauté infinie de l'Être Infini circule majestueusement et glorieusement dans mon esprit et mes doigts son divinement guidés pour représenter sur la toile la beauté, l'ordre, la symétrie et la proportion. Tout ce que je peins sur ma toile sera beauté et joie à jamais. Chaque scène et chaque image remuera le don de Dieu dans l'homme.»

Il versa sa dîme (sa perception de la beauté) à son subconscient qui amplifia et multiplia tout ce qui y était imprimé. Il l'imprégna de beauté et son subconscient répondit en conséquence, le rendant capable de réaliser de merveilleuses peintures. Pensez-vous qu'il avait des difficultés à vendre ses oeuvres à des prix très élevés?

## Comment elle fit don de son temps pour l'amour

Un professeur à la retraite vivait en Californie et avait fait connaissance d'un grand nombre d'autres retraités qui affirmaient constamment qu'ils étaient seuls, frustrés et malheureux parce que leurs maigres pensions les empêchaient de voyager et de faire ce qu'ils désiraient. Elle décida d'éviter de tomber dans cet état d'esprit limité. Pendant plusieurs soirs dans ses périodes de prière, elle offrit sa contribution comme suit:

«L'amour de Dieu remplit mon âme et j'irradie l'amour et la bonne volonté à tous ceux qui m'entourent et à tous les gens partout. L'amour de Dieu circule en moi en harmonie, en amour, en compagnie, en richesse et en expression véritable. Dieu est mon berger et je ne serai jamais dans le besoin pour l'argent, l'amour, la beauté ou la compagnie. Dieu me répond maintenant et je L'en remercie.»

Après quelques semaines, elle fut invitée à être la compagne et l'interprète d'une femme fortunée qui voyageait beaucoup et gérait des affaires en France, en Allemagne et en Suisse. Sa connaissance de l'allemand et du français, antérieurement limitée à l'enseignement, s'avéra être un grand atout et elle fut généreusement payée pour ses services. Elle m'écrivit pour me dire qu'elle était *heureuse* et que son travail était permanent, puisque son employeur la considérait indispensable. Cette femme fit le don de son altruisme et elle fut abondamment remboursée au-delà de toutes ses attentes. Son secret est maintenant votre secret.

## La loi de donner et de recevoir

Plus vous donnez d'amour et de bonne volonté, plus vous en recevez. La loi de la dîme agit inévitablement sur tout ce que nous donnons; que ce soit la bonne volonté ou la malveillance, ce qui nous revient est souvent multiplié plusieurs fois. Les semblables s'attirent et tout ce que vous semez dans votre subconscient, vous le récolterez sur l'écran de l'espace sous forme de conditions, d'expériences et d'événements: c'est une loi immuable.

## Donnez librement et joyeusement

Le montant d'argent donné ne doit pas nécessairement être le dixième de vos gains. Le dixième mentionné dans la Bible signifie un pourcentage, l'idée du montant qui vous vient à l'esprit, celui que vous voulez donner gaiement et librement.

Par exemple, supposons que vous donniez cinq dollars chaque dimanche pour l'activité spirituelle de votre choix; il doit être donné librement, joyeusement, avec amour et avec un sentiment d'abandon, sachant que Dieu est la source éternelle d'approvisionnement et qu'à travers Lui tous vos besoins sont instantanément satisfaits en tout temps, en tout lieu. Si vous deviez avoir un sentiment de manque ou de privation lorsque vous donnez le cinq dollars, ce ne serait pas une vraie dîme. Donner à contrecoeur ou par devoir ou par peur, ce n'est pas donner. Au contraire, une telle attitude mentale vous attirerait le manque.

## Comment votre don se multiplie excessivement

Lorsque vous donnez régulièrement, choisissez une somme que vous sentez vouloir donner et affirmez tranquillement ou distinctement: «J'abandonne cet argent librement et Dieu le multiplie à l'extrême.»

Ce faisant, vous déposez l'idée de grande richesse dans votre subconscient qui amplifiera votre richesse de façons innombrables. C'est la signification de la citation biblique suivante:

*Donnez, et l'on vous donnera; c'est une bonne mesure tassée, secouée, débordante, qu'on versera dans les plis de votre vêtement; car de la mesure dont vous mesurez on mesurera pour vous en retour (Luc 6;38).*

## Augmentez votre revenu rapidement

Donnez pour des causes valables régulièrement, sans attendre de retour. Lorsque vous offrez le montant que vous sentez vouloir donner et que vous aimez donner, vous versez alors réellement un don du point de vue financier logique. En partant avec cette attitude correcte et dynamique, vous vous apercevrez que vous voulez en donner de plus en plus avec joie et bonheur, parce que votre revenu augmente constamment dans une mesure de plus en plus grande, tel que le prévoit la loi de donner et recevoir.

Vous bénissez votre don et l'abandonnez avec joie et votre subconscient l'amplifie mille fois. Ceci est vraiment la clé pour accroître la richesse de ceux qui versent régulièrement leur contribution. Ils utilisent la loi de l'Esprit Infini qui travaille pour eux, qu'ils en soient conscients ou non.

## Comment il offrit ses dons pour l'approvisionnement

Un homme d'affaires me dit: «Il y a de l'argent à profusion dans le monde, il y a profusion de tout; et je sais qu'il y a des ressources infinies dans mon subconscient que je n'ai jamais puisées. Voici comment je verse personnellement mes dons pour l'approvisionnement; j'affirme fréquemment: Dieu est ma source intarissable d'approvisionnement répondant instamment à tous mes besoins et ses richesses circulent en moi continuellement, inlassablement et incessamment.»

En réitérant ces vérités, il transmettait à son subconscient l'idée des richesses et de la fortune circulant vers lui en avalanches. C'est aussi votre route vers le succès financier.

## Il versait la dîme mais il ne prospérait pas

Il y a quelque temps, un homme me dit qu'il avait donné régulièrement à son église mais qu'il n'avait pas prospérer. Je découvris cependant qu'il n'avait pas complètement abandonné sa dîme hebdomadaire et qu'en fait, il sentait qu'il réduisait son revenu en donnant à son église. Il avait des retenues mentales. Après notre entretien, il inversa son attitude mentale et par la suite, il donna avec joie et enthousiasme. Il s'aperçut rapidement que la loi de l'accroissement fonctionnait aussi pour lui.

Je lui expliquai aussi que de verser la dîme, tel qu'entendu dans la Bible, n'inclut pas les dons d'argent aux diverses oeuvres de charité et organisations séculaires, même si une telle générosité est louable et méritoire. Lorsque la dîme est versée en argent, ce doit être dans le but de répandre les vérités de Dieu et aux endroits où vous recevez l'aide et l'inspiration spirituelles.

Il répondit avec gratitude: «Voici vraiment l'explication dont j'avais besoin. Maintenant, je vois clairement ce que signifie réellement verser la dîme.»

## Il versait la dîme à l'envers

Un homme que je connais se plaignit amèrement à moi en disant: «Je donne de grandes sommes d'argent chaque dimanche à un groupe religieux de New York et pourtant j'ai peine à joindre les deux bouts.»

Je découvris que son attitude avait été: «Je n'attends rien et je ne désire rien en retour.» La Bible dit qu'un homme n'a qu'à affirmer une chose pour qu'elle se réalise. Il avait donné l'ordre à son subconscient et ce dernier lui obéissait implicitement.

Je lui expliquai qu'il avait neutralisé son bien, un peu comme s'il avait semé une graine pour la déterrer un peu plus tard, empêchant ainsi sa croissance. Cet homme commença à comprendre que si un fermier plantait des graines dans le sol, il obtiendrait automatiquement une moisson; il comprit que la loi du sol et la loi de l'esprit sont les mêmes. Il commença donc à s'attendre à ce que la loi de l'opulence fonctionne aussi pour lui et sa condition financière s'améliora de façon fabuleuse.

## Pratiquez la sagesse dans vos dons

Vous devriez être très prudent en donnant à des parents ou à des pauvres. Il est bon de les aider à s'aider, mais assurez-vous que vous ne leur volez pas leur esprit d'initiative et leur motivation à se tenir sur leurs pieds et à surmonter leurs problèmes avec le meilleur d'eux-mêmes. Lorsque les gens reçoivent de l'aide trop facilement et trop fréquemment, ils deviennent dépendants et finalement, faibles et pleurnichards. La meilleure chose que vous puissiez leur donner est de leur faire connaître la loi de la pensée prospère.

Assurez-vous de ne pas bloquer ou gêner les autres dans l'expression et le développement de leurs talents et aptitudes personnels cachés, en leur donnant inconsidérément. Souvent, celui qui reçoit votre don malavisé en est blessé. Il se sent obligé et sent votre pitié ou vos pensées de manque à son sujet. Il sait qu'il devrait être aussi prospère et rempli de succès que vous l'êtes et il se sent coupable de dépendre de vous; ceci se transforme en un profond sentiment de culpabilité et de ressentiment envers le donneur.

Apprenez-lui les lois et la voie de l'Esprit et il n'aura jamais besoin que vous lui donniez un bol de soupe ou de vieux habits ou l'aumône, parce que vous lui aurez révélé sa capacité de puiser de la maison du trésor de l'Infini en lui toutes les richesses qui lui sont disponibles depuis le début des temps.

### Vous pouvez donner à coeur de jour

Pratiquez le don à coeur de jour. Versez et irradiez l'amour, la bonté, l'amitié, le rire, la confiance, l'enthousiasme et la bonne volonté envers tous les gens. Vous ne pouvez pas donner le dixième de ceux-ci. Ces qualités ne peuvent pas être divisées ou multipliées; elles sont éternelles, inaltérables et illimitées. Ces qualités et ces attributs de Dieu en vous ne vieillissent jamais. De plus, il n'y a pas de pénurie d'amour, de gentillesse, de bonté, de magnanimité, de vérité, de beauté, de paix et de joie: toutes celles-ci sont de Dieu et elles sont sans fin, éternelles et infinies. Vous ne pouvez rien mettre qui soit *réel* sur une base de pourcentage, même pas la richesse. Mais la richesse peut couler vers vous dans la mesure où vous donnez pour la recevoir.

Versez les richesses du Ciel! Donnez l'encouragement, la foi, l'espérance, l'appréciation et la gratitude, et en continuant de donner de cette façon, Dieu versera ses bienfaits sur vous, complètement et d'une manière très tangible financièrement.

*Apportez intégralement dîme et redevances au trésor, pour qu'il y ait de la nourriture chez moi. Et mettez-moi ainsi à l'épreuve, déclare Yahvé Sabaot, pour voir si je n'ouvrirai pas à votre intention les écluses du ciel et ne répandrai pas en votre faveur ma bénédiction en surabondance* (Ml 3;10).

## RÉSUMÉ DU CHAPITRE

### *Points spéciaux à se rappeler*

1. Versez la dîme signifie que vous consacrez une proportion de votre revenu à des oeuvres sacrées et éternelles. Versez la dîme se rattache aussi à vos croyances, à vos convictions et à vos estimations de vous-même que vous donnez à la maison du Trésor en vous, c'est-à-dire à votre subconscient. Cette maison du Trésor vous fournit l'approvisionnement financier.

2. Versez la dîme pour des relations humaines harmonieuses en présumant que l'action de Dieu prend place dans l'esprit et le coeur de l'autre et qu'il y a une solution harmonieuse et divine entre vous.

3. Consacrez le dixième de votre temps en prière et en méditation avant de donner un cours ou une conférence. Dieu vous inspirera et des merveilles surviendront dans votre vie.

4. Vous versez votre dîme en donnant une transfusion de foi et de confiance à l'autre personne. Faites-lui savoir que vous croyez en elle, que vous lui faites confiance dans tous les domaines et elle répondra en conséquence.

5. Vous pouvez consacrer votre temps à la beauté en sachant que l'indescriptible beauté de Dieu se manifeste elle-même à travers vous et que les autres sont inspirés et élevés par vos oeuvres artistiques.

6. Vous pouvez donner de votre temps pour l'amour en affirmant que l'amour de Dieu remplit votre âme et en irradiant l'amour et la bonne volonté à tous. Continuez à faire ceci et plusieurs miracles surviendront dans votre vie.

7. Plus vous donnez d'amour et de bonne volonté aux autres, plus vous recevez en retour. Votre don est multiplié et amplifié de mille et une façons. Ceci peut aussi être compté en argent.

8. Donnez librement, joyeusement, avec amour et avec un sentiment d'abandon. Ainsi, des richesses fabuleuses seront inévitablement vôtres.

9. Donnez généreusement en affirmant ce qui suit: «J'abandonne librement cet argent et Dieu le multiplie excessivement.»

10. Donnez régulièrement le montant que vous sentez dans votre coeur *vouloir* donner et vous trouverez que votre revenu augmentera de plus en plus.

11. Versez la dîme pour l'approvisionnement financier en réalisant: «Dieu est ma source intarissable d'approvisionnement, répondant instamment à tous mes besoins et ses richesses coulent vers moi continuellement, infatigablement et infiniment.»

12. Lorsque vous donnez, il ne doit pas y avoir de restrictions mentales ou un sentiment de privation. Donnez la joie et les bienfaits à tous.

13. De même qu'un fermier s'attend à récolter une moisson, vous devez vous attendre à ce que la loi naturelle de la dîme travaille pour vous.

14. La meilleure chose que vous puissiez donner aux autres est la connaissance de la loi de la pensée prospère et ils ne manqueront jamais de toutes les bonnes choses de la vie.

# Les riches s'enrichissent

Les vrais riches sont ceux qui connaissent la puissance de la pensée et qui continuent d'imprégner leurs pensées d'abondance et de prospérité dans leur subconscient qui, en retour, amène les choses auxquelles ils pensent à se concrétiser dans leur existence.

Les hommes s'enrichissent en pensant d'une certaine façon; ils ne pensent pas à partir des apparences parce qu'ils savent que les pensées maintenues et créatrices tendent à se manifester sous une forme correspondante dans leur univers.

Lorsque quelqu'un est dans un état de pauvreté ou de manque, penser aux richesses requiert une pensée maintenue et concentrée; mais celui qui pratique cette méthode de penser disciplinée devient inévitablement riche et il peut avoir tout ce qu'il veut.

La Bible dit: ... *à celui qui a, on donnera; mais à celui qui n'a pas, on enlèvera même ce qu'il a* (Luc 19;26). Une façon populaire de dire ceci est: «Le riche s'enrichit alors que le pauvre s'appauvrit.»

Ceci veut simplement dire que l'homme qui prête attention aux richesses illimitées de son esprit, la source de toute expérience, possédera plus de biens. Une graine tombée dans le sol produit des centaines de graines, tout comme les graines (pensées) des richesses de Dieu s'amplifieront pour vous et se multiplieront dans votre existence.

### Le revenu suit la nouvelle attitude

Un agent d'immeubles me dit récemment qu'il avait toujours pensé que l'argent ou l'approvisionnement était limité et que la richesse du pays était accumulée et contrôlée par les familles très riches d'Amérique. Il s'était toujours inquiété de cela.

Soudainement, il réalisa la fausseté de sa façon de penser; il réalisa qu'il bloquait le flot des richesses créatrices par son processus de pensées dérangé et déformé.

Voici une partie de sa lettre:

«Cher docteur Murphy,

«J'ai suivi vos instructions. J'ai effacé de mon esprit l'idée de compétition. J'ai décidé que je suis ici pour créer et qu'il y a une valeur de plusieurs milliards de dollars d'or non encore découvert dans le sol de la terre. Je sais que le jour viendra où les scientifiques créeront synthétiquement l'or ou tout autre métal. J'ai cessé de courir les aubaines, de couper les coins et d'abuser des autres à cause de leur ignorance ou de leur manque de conscience. J'ai arrêté de convoiter les promotions et les richesses des autres. J'ai décidé que je pouvais tout avoir sans rien enlever aux autres. Je suis devenu un producteur et un coopérateur, au lieu d'être un compétiteur.

«Ma prière fut la suivante pendant trois mois: *Les richesses illimitées de Dieu coulent vers moi aussi vite que je peux les recevoir et les utiliser et tous les autres hommes s'enrichissent de jour en jour.* Cette nouvelle attitude a fait des miracles dans ma vie et mon revenu a triplé en trois mois.»

### La formule qui lui valut plusieurs millions de dollars

Un magnat de produits pharmaceutiques qui avait fondé une grande chaîne de pharmacies était un homme très spirituel. Il avait ouvert une pharmacie éthique dans une pièce d'un édifice et de cet humble début, il avait fondé ce qui devint éventuellement une entreprise multimillionnaire employant des milliers de gens. Un jour, pendant le dîner, il prit une petite carte de son portefeuille et me la donna en disant: «Ceci est ma Formule à millions. Je l'ai utilisée soir et matin depuis vingt-cinq ans et je l'ai donnée à plusieurs hommes qui sont aussi devenus millionnaires et d'autres qui ont acquis tout l'argent dont ils avaient besoin pour l'utiliser librement et joyeusement.»

Voici sa formule:

«Je reconnais la source éternelle de toutes les richesses qui ne faillit jamais. Je suis guidé divinement dans toutes mes voies et je m'adapte à toutes les idées nouvelles. L'Intelligence Infinie me révèle constamment les meilleures façons de servir mes semblables. Je suis guidé et dirigé à créer des produits qui seront bénéfiques et utiles à l'humanité. J'attire les hommes et les femmes spirituels, loyaux, fidèles et talentueux qui contribuent à la paix, à la prospérité et au progrès de notre entreprise. Je suis un aimant irrésistible et j'attire une richesse fabuleuse en donnant la meilleure qualité possible des produits et des services. Je suis constamment en accord avec l'Infini et la substance de la richesse. L'Intelligence Infinie gouverne tous mes projets et mes buts et je base tout mon succès sur la vérité que Dieu me mène, me guide et me gouverne dans toutes mes entreprises. Je suis en paix intérieurement et extérieurement en tout temps. Je suis énormément rempli de succès. Je suis avec Dieu et Dieu est toujours rempli de succès. Je dois réussir. Je réussis maintenant. Je saisis toutes les choses essentielles de tous les détails de mon entreprise. J'irradie l'amour et la bonne volonté à tous ceux qui m'entourent et à tous mes employés. Je remplis mon esprit et mon coeur avec l'amour, la puissance et l'énergie de Dieu. Tous ceux qui sont en contact avec moi sont un chaînon spirituel dans ma croissance, mon bien-être et ma prospérité. Je donne tout honneur et toute gloire à Dieu.»

Ce magnat de l'entreprise vit se réaliser toutes ces choses qu'il avait affirmées et il en fit bénéficier d'innombrables autres personnes: *Va, et toi aussi, fais de même* (Luc 10;37). Devenez multimillionnaire et faites-en profiter la multitude.

### Son blocage face aux richesses et sa guérison

Un vendeur d'immeubles dit: «Je ne comprends pas. Je travaille dur toute la journée. Les clients regardent les terrains et les maisons que j'ai à vendre mais ils n'achètent pas. Tous les autres vendeurs dans le même bureau concluent des ventes chaque jour.»

Son blocage se situait dans les recoins intérieurs de son esprit. L'émotion pernicieuse spécifique qu'il devait surmonter était l'envie. Elle était la cause de son manque financier et de ses ventes perdues. Il admit qu'il était très envieux en voyant les autres vendeurs retirer de grosses commissions. Il était aussi profondément rancunier.

Il fut amené à comprendre que sa pensée envieuse était la pire attitude qu'il pût avoir car il se mettait dans une position très négative. Aussi longtemps qu'il garderait cette attitude d'esprit, les richesses s'éloigneraient de lui plutôt que d'aller *vers* lui.

Comme remède à cet état de choses, il découvrit finalement qu'il devait bénir tous ses associés plus fortunés qui l'avaient incité à l'envie.

Une guérison mentale complète suivit la prière suivante qu'il répéta fréquemment, sérieusement, significativement et sciemment:

«Je suis conscient qu'il y a une loi parfaite d'offre et de demande. Je pratique la règle d'or dans toutes mes affaires. Je suis en paix. Tout ce que je désire vendre est une idée dans l'Esprit de Dieu. Le principe de connaissance est en moi. Je sais tout ce que j'ai besoin de savoir instantanément. Je reconnais que tout ce que je désire acheter ou vendre représente un échange d'idées dans l'esprit divin en moi. Je sais qu'il y a satisfaction, harmonie et paix mutuelles. Le prix est juste; le client est idéal; tout est en ordre. Je connais la Vérité; je comprends la Vérité; et je suis la conscience de Dieu en action. Toutes les idées dont j'ai besoin se dévoilent constamment en moi dans l'ordre et l'assemblage parfaits. Je reçois des idées divines, je me réjouis et je les transmets à mes compagnons; je reçois d'autres idées en échange. La paix est mienne maintenant. Il n'y a pas de retard dans l'Esprit Divin; j'accepte mon bien.»

J'ai rarement vu un homme aussi complètement transformé spirituellement, mentalement et financièrement! Il devint un des premiers vendeurs de son bureau. Il devint meilleur, plus noble, plus affable et indulgent; sa bonté et sa chaleur étaient authentiques. Les ventes vinrent beaucoup plus rapidement à lui. Il découvrit qu'en bénissant les autres, il se bénissait aussi lui-même et tous sentiments d'infériorité et de manque furent surmontés.

## Comment les richesses coulent dans son organisation

Un ingénieur de mes amis me dit qu'il a un principe d'avancement pour chaque employé dans son organisation. Aux réunions, il leur dit constamment qu'ils partageront les bénéfices de l'organisation et que tous ceux qui travaillent diligemment et harmonieusement peuvent avancer rapidement. Il dit que son entreprise est comme une échelle dans laquelle chaque employé qui travaille avez zèle, diligence et bonne volonté peut grimper vers les richesses et que s'il ne le fait pas, c'est uniquement sa faute.

De temps en temps, tous les employés sont mis au courant des progrès de la compagnie et ils partagent les bénéfices sur une base de prorata tous les trois mois. Il n'y a eu aucun roulement dans le personnel depuis des années et il a développé une loyauté intense et une famille industrielle des plus coopératives. L'esprit de coopération remplace la compétition et prévaut parmi les employés. De nouveaux comptes et de nouvelles branches s'ouvrent et les richesses coulent de tous côtés vers cette firme d'ingénierie.

## Bénissez et enrichissez-vous

La cause de votre gêne pécuniaire est votre état d'esprit. Croyez et reconnaissez que toutes les ressources et les richesses de l'Infini sont à votre disposition et cherchent à s'exprimer par vous.

Plusieurs personnes ont l'idée ou la pensée dominante voulant que rien n'est réellement à elles et qu'elles doivent poursuivre la richesse; autrement, elles la perdront.

Bénissez ceux dont la prospérité, le succès et les vastes richesses vous irritent, vous ennuient ou excitent votre envie et priez spécifiquement et définitivement pour qu'ils deviennent beaucoup plus remplis de succès, plus riches et bénis de toutes les manières possibles. En agissant ainsi, vous guérirez votre état d'esprit. Lorsque vous priez de cette manière et que vous versez sincèrement les bénédictions et les bienfaits de votre coeur sur ceux qui ont gravi l'échelle de la vie et qui, apparemment, sont beaucoup plus riches que vous, vous aurez la conscience de quelqu'un qui, possédant toutes choses, déverse d'abondantes richesses sur les autres.

En d'autres mots, en bénissant les autres et en les rendant prospères, vous serez béni et prospère. Voilà pourquoi les riches s'enrichissent et les pauvres s'appauvrissent. Ces derniers sont habituellement envieux et remplis de haine et ces émotions négatives leur apportent une perte de revenu de plus en plus grande. C'est votre état d'esprit qui vous vole et non pas un destin malveillant.

### La banque universelle

Un vendeur avait besoin d'une automobile pour son nouvel emploi mais il n'avait pas d'argent pour l'acheter. Il savait cependant comment tirer un chèque de sa banque mentale.

Il me dit qu'après avoir obtenu le poste, il retourna à sa chambre et se forma l'image mentale de l'auto qu'il voulait, avec la certitude qu'elle lui serait donnée. Il dit: «J'ai affirmé qu'elle était déjà mienne, je pouvais sentir le volant et passer ma main sur le cuir des sièges.»

Il fit connaissance d'un autre homme dans l'édifice où il demeurait. Cet homme partait en Europe pour six mois et il lui dit: «Utilise mon auto jusqu'à ce que je revienne et d'ici là, tu seras en mesure de t'acheter ta propre auto.»

L'auto de cet homme était exactement de la même marque et du même modèle que celle qu'il avait imaginée dans son esprit! Longtemps avant que son ami revienne d'Europe, il avait acquis les fonds suffisants pour acheter sa propre auto. Il avait appris qu'il y avait une banque en lui d'où il pouvait puiser et il savait que son approvisionnement était inépuisable et infini... *Car il a plu à votre Père de vous donner le Royaume* (Luc 12;22).

### Une prière pour vaincre l'envie et le ressentiment

Je sais que tous les hommes sont mes frères; nous sommes fils du même Père. Je désire pour chacun la santé, le bonheur, l'abondance et toutes les bénédictions et les richesses de la vie. Je le veux vraiment; je suis sincère. Je sais que ce que je désire pour l'autre, je le désire aussi pour moi et qu'en bénissant l'autre, je me bénis aussi. L'amour de Dieu s'exprime par moi envers toute l'humanité. Je bénis tous ceux qui sont plus riches que moi et je bénis tous ceux qui me critiquent et qui parlent en mal de moi. Je me réjouis de voir tous mes compagnons de travail réussir et prospérer. J'ouvre les fenêtres de mon esprit et je laisse entrer les richesses du Ciel. Je suis aimant envers tous. Je prie que les richesses de Dieu inondent l'esprit et le coeur de tous. Je Le remercie pour ses richesses maintenant. C'est merveilleux!

## RÉSUMÉ DU CHAPITRE

### Revenez à la base.

1. Les riches s'enrichissent et attirent de plus en plus de biens de l'univers parce qu'ils construisent dans leur mentalité

une réalisation des richesses infinies de Dieu. L'attente constante et joyeuse des richesses attirera l'argent vers vous de toutes parts.

2. L'idée de la compétition limite votre approvisionnement. Devenez producteur et coopératif et réalisez que vous pouvez obtenir toutes les richesses que vous voulez sans rien enlever aux autres. Comme il n'y a pas de pénurie d'air, il n'y a pas de pénurie de richesses infinies dans l'univers.

3. Vous allez là où vous regardez. Gardez une image mentale de ce que vous voulez accomplir, soutenez-la sincèrement et elle se réalisera.

4. Le blocage face aux richesses se situe dans les recoins intérieurs de votre esprit. Envier les autres bloquera votre courant de richesses et vous attirera la misère et la pénurie.

5. Bénissez les autres abondamment et vous serez béni. Le navire qui passe chez votre frère passe chez vous.

6. Que votre entreprise soit une échelle qui rende chaque employé capable de grimper vers les richesses. Vous vous enrichissez en rendant les autres riches et en les payant selon leur valeur réelle.

7. Votre subconscient est une banque et même si vous n'avez pas d'argent pour acheter quelque chose dont vous avez besoin ou que vous désirez, vous pouvez vous créer une image mentale de cette chose que vous voulez et en sentir la réalité; et d'une manière qui vous est inconnue, elle deviendra une réalité pour vous.

8. Réjouissez-vous de voir tous vos compagnons de travail réussir et prospérer. Priez chaque jour pour que les richesses de Dieu inondent les esprits et les coeurs de tous les hommes partout. *Ne crains pas quand l'homme s'enrichit, quand s'accroît la gloire de sa maison* (Ps 49;17).

# Comment produire des
# richesses tangibles

En considérant et en contemplant la prodigalité de la nature, nous réalisons qu'il y a une abondance de toutes choses. La nature est généreuse, prodigue et extravagante. Où que nous allions dans la vie, nous prenons conscience de la grandeur de cette plénitude. Les lois de la vie sont destinées à nous donner des richesses illimitées, beaucoup plus grandes que nos besoins quotidiens. Le psalmiste dit: *À Yahvé la terre et sa plénitude...* (Ps 24;1). La seule pénurie qui existe est due à la cupidité, à l'égoïsme, à la peur et la dilapidation de l'homme mais, lorsque des méthodes sages et justes sont utilisées dans la culture et la distribution des richesses de la nature, il y a en abondance de toutes les richesses tangibles de la vie.

### *Les richesses peuvent être rendues tangibles*

Il y a plusieurs années, j'eus une conversation des plus intéressantes avec un dentiste à Sydney, en Australie, où je donnais une série de conférences concernant les richesses du subconscient. Ce dentiste me dit que lorsqu'il commença à pratiquer l'art dentaire, il avait la mentalité du pauvre, alors il n'attirait que des clients soucieux de leurs sous et très économes.

Voici comment il amena des richesses tangibles dans sa vie. Retournant à la maison un soir, après avoir entendu ma conférence sur la puissance de la visualisation, il commença à imaginer que l'air autour de lui était rempli de billets de banque. Il sentit que l'air était simplement saturé de billets. Il dit que son image mentale était aussi réelle et aussi vivante que les arbres près de sa porte et il commença à remplir ses poches de billets imaginaires de toutes sortes; il dit qu'ils lui semblaient tangibles et réels. Soudainement, il réalisa qu'il y avait une richesse illimitée pouvant être attirée et possédée par n'importe qui ayant la foi, la réceptivité et l'initiative de contempler les richesses de Dieu.

Après cette expérience, il attira une clientèle des plus influentes et prospères et en fait, il attira plus de patients qu'il ne pouvait en traiter. Son attitude économe et grippe-sou d'avant avait éloigné les gens riches. Il avait découvert la puissance de sa pensée-image à produire des richesses tangibles de toutes sortes.

### Penser d'une certaine façon

Si vous désirez un orgue ou un piano, par exemple, je ne veux pas dire que tout ce que vous ayez à faire est de former mentalement l'image d'un orgue ou d'un piano et que l'instrument se concrétisera dans votre chambre. Si vous avez de l'argent, vous sortirez sans aucun doute et vous en achèterez un.

Supposons, cependant, que vous ayez besoin d'un piano pour pratiquer et que vous n'ayez pas l'argent pour l'acheter. Pensez à un beau piano, visualisez-le dans votre chambre, dans votre imagination, passez vos mains sur le clavier, touchez-le et sentez-en la solidité, le naturel et la tangibilité. Passez vos mains sur la surface et pensez avec une certitude positive que le piano est là. Il *est* là dans votre esprit, parce que le piano fut d'abord une pensée dans l'esprit du fabricant.

Après avoir formé l'idée du piano dans votre esprit, affirmez qu'il est vôtre maintenant et sachez que votre subconscient verra à ce que vous le receviez selon l'ordre divin. L'intelligence infinie de votre subconscient agira dans l'esprit des autres et elle se réalisera éventuellement de façons que vous ne connaissez pas.

La pensée a apporté la création de toutes les machines et instruments dans le monde et elle crée constamment des millions d'autos améliorées, de machines à écrire, d'ordinateurs, de radios, de téléviseurs, d'instruments de musique et d'innombrables appareils ménagers de toutes sortes. Toutes ces inventions, ces découvertes et ces améliorations de notre ère mécanique et spatiale sont apportées par les hommes qui pensent d'une certaine façon réfléchie.

### Le miracle de prétendre

En 1944, une petite Espagnole vivait à quelques maisons de chez moi. Je connaissais bien sa famille et j'allais occasionnellement leur rendre visite. Elle avait à peu près huit ans et elle allait chaque jour à l'école communale.

Depuis des mois, elle demandait une bicyclette à ses parents pour se promener dans Central Park. La réponse constante de sa mère était: «Cesse de m'embêter. Tu sais qu'il y a la guerre et qu'il n'y a pas de bicyclettes disponibles.» Elle continua de demander cependant, au grand désespoir de ses parents. Cette petite fille était un garçon manqué, elle se battait avec les garçons du voisinage et en récoltait occasionnellement un oeil au beurre noir.

Un soir, je dis à la petite fille: «Marie, tu peux obtenir une bicyclette et je sais à quel endroit.» Immédiatement, ses yeux se mirent à briller. Elle était toute oreille et s'exclama: «Où?» Il s'ensuivit cette petite conversation:

Auteur: «Va te coucher immédiatement et ferme les yeux. Imagine alors clairement que des compagnons et des compagnes de jeux se promènent sur *ta bicyclette* à Central Park et regarde-les sourire: Dieu veut que tu partages avec tes copains qui n'ont pas de bicyclette pour les rendre heureux.»

Marie: «Oh, c'est d'accord, si c'est ce que Dieu veut que je fasse, j'accepte. Mais ma mère dit que le père Noël ne pourrait pas et ne m'apporterait pas de bicyclette à Noël, et il ne reste que deux semaines!»

Auteur: «Fais ce que je t'ai dit. Lorsque tu seras au lit, ferme les yeux et dans ton imagination, sens-toi sur une bicyclette au parc. Assure-toi de *voir* tes camarades de jeux se promenant sur la même bicyclette chacun son tour, comme je te l'ai dit. Regarde-les sourire, rire et s'amuser. Tu auras ta bicyclette! Dieu dira au père Noël d'en trouver une. Va dormir maintenant, d'un sommeil profond, profond, profond.»

Le soir suivant, vers dix-huit heures, Marie était avec une autre fille dans un magasin de variétés quand soudain, elle se mit à pleurer. Une femme tout près la remarqua et gentiment, elle lui dit: «Petite fille, qu'est-ce qu'il y a? Est-ce que quelqu'un t'a fait mal?»

Marie répondit: «Non, mais hier soir chez moi, un homme m'a dit que Dieu dirait au père Noël où trouver une bicyclette et que je l'aurais tout de suite. La nuit approche et il n'y a toujours pas de bicyclette.»

La femme fut émue et elle dit: «Cet homme n'avait pas le droit de te dire une telle chose.» Elle amena la petite fille à son appartement tout proche et lui donna une bicyclette que sa fille, décédée depuis deux ans, avait utilisée. La dame affirma qu'elle avait toujours voulu la donner à un enfant qui aimait Dieu.

Ceci est la puissance de prétendre... *Qu'il vous soit fait selon votre foi* (Mt 9;29).

### Pourquoi il n'obtient aucun résultat tangible

Récemment, je parlais à un homme qui avait fait faillite. Il avait perdu sa maison et souffrait aussi d'arthrite. Plus il luttait pour surmonter ses revers, plus il s'enlisait. Il se trouvait dans un cercle vicieux. Il me dit: «Pourquoi est-ce que je n'obtiens pas de résultats? Je vais à l'église, je prie et je lis les psaumes et j'ai fait beaucoup de bien. Pourquoi Dieu me punit-il?»

C'était vrai qu'il priait et assistait aux services religieux régulièrement; cependant, je perçus la raison pour laquelle il n'obtenait pas de résultats tangibles de sa vie de prières et de ses efforts: il détestait un de ses associés depuis plus de dix ans. Son esprit était faussé par une émotion de vengeance et de malice et il était bloqué par son refus de pardonner; il proférait des imprécations et des malédictions à l'endroit de son associé. Cet état d'esprit était son blocage réel.

Je lui expliquai que ses pensées remplies de haine, de malveillance et de rancune envers son associé engendraient des émotions destructives qui bouillaient dans son subconscient et, étant donné que ces émotions de haine, de jalousie et de vengeance doivent avoir un exutoire, elles se traduisaient en pénurie et en limitation. Tout ceci causa sa faillite et sa maladie physique.

Il trouva un remède facile en s'harmonisant à la paix intérieure de Dieu et en affirmant que la sagesse de Dieu lui apporterait un ajustement divin à sa façon et au bon moment. Il planta ses racines en Dieu, la Source inépuisable d'où tout tire son origine. Il commença à bénir quotidiennement l'homme qu'il haïssait, réclamant que les richesses de Dieu circulent à travers lui en harmonie, en santé, en paix et en abondance. En quelques mois, la marée changea en sa faveur et il fut transporté sur le sommet de la vague vers la prospérité, le succès et la réussite.

### Comment une réfugiée de guerre obtient de merveilleux résultats

Une très belle femme, charmante et spirituelle, assiste à ma conférence chaque dimanche matin à Los Angeles. Elle me raconta une fascinante histoire sur sa jeunesse qu'elle vécut dans des conditions sordides et misérables. Elle fût élevée dans une sorte de ghetto en Russie, où sévissait un pogrome systématique contre sa race. Souvent affamée et à demi vêtue, elle avait l'indomptable désir d'aller en Amérique pour y étudier la musique, fuir la captivité et courageusement vaincre son asservissement.

Lorsque la guerre éclata, elle s'engagea comme infirmière dans l'armée russe. Plus tard, elle fut fait prisonnière par les Allemands; en prison, elle donnait des soins à tous les prisonniers du camp. Pendant sa séquestration, elle se visualisait constamment en train d'embrasser un oncle de Los Angeles. Dans l'oreille de son esprit, elle l'entendait répéter: «Bienvenue en Amérique!» Chaque soir, elle s'endormait en écoutant la voix imaginaire de son oncle qui lui disait: «Bienvenue en Amérique!»

Lorsque les forces américaines de libération arrivèrent à son camp, elle agit comme interprète. Elle tomba amoureuse d'un officier de l'infanterie américaine et éventuellement se dirigea vers les États-Unis. Aujourd'hui, elle est une merveilleuse musicienne et un professeur extraordinaire et ses élèves l'aiment. Elle a un formidable revenu, elle vit dans un beau quartier et a tout l'argent dont elle a besoin pour faire tout ce qu'elle veut. Elle voyage beaucoup dans plusieurs parties du monde.

Cette femme a démontré comment vous pouvez vous élever de la pauvreté à la richesse et elle a vraiment rejoint les sommets de la réussite personnelle. Elle n'a jamais permis au ressentiment, à l'amertume ou à la haine envers les autres d'endurcir son âme. Elle savait qu'il y avait une puissance en elle qui pouvait surmonter et triompher de toutes les pressions rigoureuses du monde et l'élever vers les sommets. Sa citation biblique préférée est: *...je vous ai emportés sur des ailes de vautour et amenés vers moi* (Ex 19;4).

## *Trois mots producteurs de richesses*

Une actrice de cinéma me dit qu'elle obtint de merveilleux résultats à nettoyer son esprit des mauvaises idées et des humeurs noires dont elle avait fréquemment souffert. Elle affirma: «Joie, richesse, succès.»

Elle se chantait ces trois mots en accomplissant sa besogne routinière. Après avoir répété ces trois mots pendant dix ou quinze minutes, elle devenait joyeuse et exaltée et chaque fois quelle glissait dans une de ses humeurs dépressives à cause de problèmes financiers et du manque de contrats, elle répétait sa chanson de trois mots.

Elle se rendit compte que ces mots avaient une puissance énorme puisqu'ils représentaient les puissances invisibles de son subconscient. Elle ancra son esprit à ces réalités substantielles et des résultats correspondant à leur nature se manifestèrent éventuellement dans sa vie.

Elle reçut contrat sur contrat et n'est pas restée inactive depuis les huit dernières années. Elle va de gloire en gloire.

Elle a découvert une vérité simple: ses humeurs dépressives et son inquiétude causaient les conditions et les circonstances extérieures de sa vie. Lorsqu'elle changea ses humeurs mentales de peur, d'inquiétude et de dépression, les circonstances extérieures se réglèrent d'elles-mêmes.

Commencez maintenant à chanter sa chanson silencieuse de triomphe: «Joie, richesse, succès.» Des merveilles surviendront dans votre vie!

### Dieu veut que vous soyez riche

La loi de la vie est l'abondance, non pas la pauvreté. Dieu est infini, inépuisable, sans fin; Il est la source éternelle d'approvisionnement qui crée à profusion. Vous avez un soutien invisible. Parce que les ressources de Dieu sont infinies, vos ressources sont infinies puisque que vous et votre Père ne faites qu'un.

Dieu vous donna des mains pour jouer sa mélodie et construire de très belles structures, des édifices et des temples à sa gloire et à son honneur. Dieu veut que vous exprimiez vos talents d'une merveilleuse façon. Dieu vous donna une voix pour que vous puissiez chanter sa chanson d'amour à tous. Dieu vous donna des yeux afin que vous puissiez voir des messages dans les arbres, des sermons dans les pierres, des chansons dans les ruisseaux qui coulent et Dieu en tout.

Votre désir de danser, c'est Dieu qui veut vous révéler que cet univers est rempli de puissances dansantes. L'univers entier est une danse divine.

Votre désir de peindre un coucher de soleil est l'indescriptible beauté de Dieu cherchant à s'exprimer à travers vous, l'artiste. Dieu vous a donné des oreilles pour entendre la musique des sphères et sa voix calme et douce qui dit: *«Ceci est la voie: suis-la.»*

Votre désir de voyager et d'explorer le monde, c'est Dieu qui vous presse et vous pousse à explorer les merveilles du monde et d'apprécier la beauté, l'ordre, la symétrie, le rythme et la proportion de toutes choses.

Dieu veut que vous soyez heureux, joyeux et libre. Dieu veut que vous viviez dans une maison luxueuse et que vous soyez très bien habillé. Dieu veut que vous viviez une vie glorieuse et triomphante.

*Dieu est là qui opère en vous à la fois le vouloir et l'opération même, au profit de ses bienveillants desseins* (Ph 2;13), disait saint Paul.

Votre désir pour des richesses est l'Infini vous révélant ses richesses et vous disant: *Mon enfant, tu es toujours avec moi, et tout ce que j'ai est à toi* (Luc 15;31).

## RÉSUMÉ DU CHAPITRE

### *Pensez à ces choses*

1. La nature est prodigue, extravagante et généreuse. Les lois de la vie sont destinées à vous donner des richesses illimitées.

2. Si vous avez la mentalité du pauvre, vous attirerez des gens avec un complexe de pauvreté et vous ne vous enrichirez jamais.

3. Pensez clairement à ce que vous voulez, visualisez-le dans votre chambre; avec vos mains imaginaires, palpez le naturel, la solidité et la tangibilité de ce désir et vous le recevrez.

4. Lorsque vous acceptez mentalement quelque chose comme étant vrai, votre subconscient l'amène à se réaliser de façons qui vous sont inconnues, comme cette étrangère qui donna une bicyclette en cadeau à une petite fille qui priait pour en avoir une.

5. Les pensées de haine, d'amertume et de vengeance bloqueront votre prière pour les richesses et entraîneront celles-ci à couler *loin de* vous plutôt que *vers* vous. Espérez pour chacun ce que vous désirez pour vous-même, voilà la clé de votre abondance.

6. Il y a une formule qui vaut plusieurs millions de dollars. Réitérez ces vérités sincèrement, sciemment et avec persistance et vous aurez toutes les richesses dont vous avez besoin tous les jours de votre vie et prospérerez au-delà de vos désirs les plus chers.

7. Voici trois mots producteurs de merveilles. Chantez-les et écrivez-les dans votre coeur: «Joie, Richesse, Succès.» Ils sont vrais pour Dieu et ils sont aussi vrais pour vous.

8. Dieu veut que vous soyez heureux, riche, joyeux et libre. Dieu veut que vous meniez une vie plus remplie. En lui, il y a une plénitude de joie. En lui, il n'y a aucune obscurité.

# 9

# Toute entreprise est l'entreprise de Dieu

Toutes les formes d'activités de ce monde sont une partie de l'omniaction de Dieu. Il n'y a qu'une Puissance Suprême activant et animant toute chose et toute personne. Vous pouvez parler d'activités spirituelles et temporelles mais en réalité, tout travail est spirituel lorsque vous aimez ce que vous faites et lorsque vous le faites pour la gloire et l'honneur de Dieu.

Un charpentier qui construit une maison selon les principes universels et qui aime ce qu'il fait et se réjouit en donnant un bon service fait un travail spirituel, autant qu'un ministre lorsqu'il explique la signification des dix commandements.

Si vous fabriquez une meilleure lame de rasoir, une meilleure crème de rasage, une meilleure automobile ou quoi que ce soit, votre désir est de servir les autres joyeusement et de contribuer d'une façon utile et constructive à l'humanité et de pratiquer la règle d'or dans toute transaction. Vous oeuvrez dans l'entreprise de Dieu et Dieu, de par sa nature même, oeuvre pour vous; alors, qui peut être contre vous? Il n'y a alors aucune puissance dans le ciel ou sur la terre qui puisse vous refuser le succès et la prospérité dans le monde des affaires.

## La prière de la prospérité en affaires

«Je sais et je crois que mon entreprise est l'entreprise de Dieu. Dieu est mon partenaire dans toutes mes entreprises; pour moi, ceci signifie que sa lumière, son amour, sa vérité et son inspiration remplissent mon esprit et mon coeur dans tous les sens. Je résous tous mes problèmes en plaçant ma confiance entière dans la Puissance divine en moi. Je sais que cette Présence soutient toute chose. Je me repose maintenant en sécurité et en paix. Aujourd'hui, je suis entouré par la compréhension parfaite: il y a une solution divine à tous mes problèmes. Je comprends définitivement chacun; je suis compris. Je sais que mes relations d'affaires sont en accord avec la Loi Divine de l'harmonie. Je sais que Dieu habite en tous mes acheteurs et mes clients. Je travaille harmonieusement avec les autres pour qu'enfin le bonheur, la prospérité et la paix règnent souverainement.»

## Dieu est le véritable employeur

Une jeune femme qui travaillait pour une grande organisation continentale dit: «J'avais l'habitude de me promener d'un travail à l'autre et d'un employeur à un autre, pour faire plus d'argent et pour m'améliorer personnellement. Depuis que j'ai commencé à affirmer et à réaliser que Dieu est mon véritable employeur, que je travaille pour Lui et qu'Il me donne toutes les richesses pour en jouir, j'ai obtenu une merveilleuse position avec un salaire formidable et j'y suis depuis six ans. Je suis maintenant fiancée au vice-président exécutif. C'est la chose la plus merveilleuse au monde que de réaliser que Dieu est le seul employeur et que vous ne travaillez pas pour un homme mais pour Dieu. Maintenant je ris, je chante et je me réjouis dans mon travail, et je me sens en sécurité et en paix. C'est merveilleux!»

## *Comment trouver le véritable patron*

Il y a quelques années, un pharmacien me rendit visite à Dallas, au Texas. Il se plaignait que son patron était acariâtre, irritable et hargneux, et il était généralement impossible de s'entendre avec lui. Il disait: «La seule raison pour laquelle je reste là, c'est que le salaire est bon; mais je lui en veux et je le déteste tant que j'en bous en dedans! De plus, tous les autres assistants ont été promus dans l'organisation sauf moi.»

Ce jeune homme avait installé des dictateurs, des despotes et des bandits sous forme de colère, de ressentiment et de haine dans son esprit. Cette attitude destructive le gouvernait et le contrôlait et conduisait ses pensées, ses sentiments et ses réactions.

Je lui expliquai que l'extérieur reflète toujours l'intérieur, qu'il se blessait lui-même et entravait son avancement financier et professionnel, et que son ressentiment et son hostilité ne rapportaient aucun dividende. Il s'aperçut rapidement que la façon dont il se sentait intérieurement était déterminée par sa façon de penser. Il renversa donc son attitude mentale et établit des idées de succès, d'harmonie et de prospérité dans son esprit. Il commença à vivre avec ces idées et à les nourrir régulièrement et systématiquement dans son esprit; il désira intentionnellement et sincèrement l'harmonie, la paix et le bonheur pour son employeur.

Après quelques semaines, il trouva que sa nouvelle attitude était son véritable patron et que le contrôle de sa vie était définitivement basé sur les idées qu'il intronisait dans son esprit. Il découvrit rapidement que l'attitude de son employeur envers lui avait changé. Son employeur le promut et lui confia le poste de gérant d'une succursale avec une grosse augmentation de salaire. Son changement d'attitude avait évidemment tout changé!

# VOTRE DROIT ABSOLU À LA RICHESSE

## *Un secret du succès dans la vente*

Je viens de terminer une conversation avec un jeune vendeur dont le salaire moyen dépasse les $25 000 par année. Il souligna que sa principale préoccupation dans la vente est *le service* et qu'il essaie toujours d'en donner pour l'argent du client ou de lui faire économiser de l'argent, et qu'il n'abuse jamais d'un client en aucune façon. Il déclara qu'il n'essaie jamais d'imposer à ses clients de la marchandise que l'acheteur ne peut vraiment pas utiliser ou vendre.

Lorsqu'il ne peut pas remplir les besoins d'un client, il le réfère toujours à un autre manufacturier qui a la marchandise que le client demande. Ceci, dit-il, est simplement la règle d'or en action. Tous ses clients l'apprécient énormément. Il a perdu plusieurs commandes par cette attitude mais il en a gagné des centaines d'autres et ses ventes annuelles dépassent celles de tous les autres vendeurs dans la compagnie.

La sincérité, l'honnêteté et la bonne volonté de ce jeune homme se communiquent au subconscient de ses clients, suscitant leur confiance à son égard. Sa pratique de la règle d'or est le secret de son succès dans la vente, aussi bien que de sa promotion subséquente au niveau de cadre.

Le vrai secret est de traiter votre client exactement comme vous aimeriez qu'il vous traite, si les rôles étaient inversés. Dites à votre client ou à l'acheteur de votre maison ou de votre terrain ce que vous voudriez qu'on vous dise si vous étiez l'acheteur de la marchandise ou du terrain; si vous agissez ainsi, le monde entier et les gens qui y vivent seront contraints de vous faire du bien et vous aurez un succès fabuleux comme vendeur.

## *Votre voix peut être la voix de Dieu*

Je connus un garçon de dix-sept ans qui était né dans un quartier minable de New York. Il avait écouté quelques conférences que j'avais données il y a plusieurs années à New York. Il avait une voix merveilleuse mais elle n'était pas cultivée ou professionnellement raffinée. Je lui dis que l'image sur laquelle il concentrait son attention serait développée dans son esprit profond et se réaliserait et que cet esprit profond répond toujours à l'image mentale gardée dans son conscient.

Ce jeune homme s'assoyait tranquillement dans sa chambre à la maison, détendait tout son corps et s'imaginait vivement en train de chanter dans un microphone. Il cherchait véritablement à ressentir l'instrument. Il affirmait vigoureusement: «Ma voix est la voix de Dieu et je chante majestueusement et glorieusement.» Il m'entendait le féliciter de ses merveilleux contrats et lui dire à quel point sa voix était magnifique. En accordant régulièrement et systématiquement son attention et sa dévotion à l'image mentale, il l'imprima profondément dans son subconscient.

Après un court laps de temps, un éminent professeur de chant de New York offrit de lui donner gratuitement des leçons plusieurs fois par semaine, parce qu'il disait que ce garçon avait de grandes possibilités. Éventuellement, le jeune homme signa un contrat par lequel on lui offrait l'occasion d'aller outremer pour chanter dans les salons d'Europe, d'Asie, d'Afrique du Sud et ailleurs. Ses inquiétudes financières prirent fin car il reçut aussi un salaire extraordinaire.

Ses talents cachés et son aptitude à les libérer furent cependant ses véritables richesses. Son entreprise était l'entreprise de Dieu, tout autant que son talent naturel pour chanter était un don de Dieu. Votre voix peut être la voix de Dieu dans vos routines journalières si vous en libérez seulement sa puissance infinie.

### Une façon sûre d'accroître votre prospérité

Un de mes amis, ministre, me dit un jour qu'à ses débuts, lui et son église souffraient financièrement. Il découvrit éventuellement une façon sûre de grandir et de prospérer. Il se posa ces deux questions: «Comment puis-je être plus utile à mon prochain?» et «Comment puis-je contribuer davantage au bien de l'humanité?»

Voici la technique ou le processus qu'il utilisa et qui accomplit des merveilles pour lui. Il affirma pieusement et avec amour: «Dieu me révèle de meilleures façons de présenter sa Vérité à mon prochain.» L'argent commença à se déverser, l'hypothèque sur son église fut payée en quelques mois et il ne fut plus jamais inquiet au sujet de l'argent.

De même, vous n'aurez jamais à vous inquiéter de l'argent pour l'agrandissement de votre entreprise si vous intronisez cette pensée dans votre esprit: «Dieu me révèle les meilleures façons par lesquelles je peux servir mon prochain.» Des idées nouvelles et créatrices vous viendront et votre entreprise prospérera dans tous les domaines.

### Comment une personne fut chargée d'une entreprise de $200 millions

Après une conférence à Phoenix, en Arizona, un homme causa avec moi et me dit que, quand il avait été gérant de ventes d'une certaine entreprise, il avait fait une dépression nerveuse en plus d'une crise cardiaque à cause de la pression, de l'effort, de la tension et de conflits internes dans l'entreprise.

Lorsqu'il fut complètement rétabli, cependant, et qu'il fut retourné à son bureau, il adopta la méthode suivante: chaque matin, il fermait la porte de son bureau et passait dix ou quinze minutes en communication et en conversation avec Dieu. Il affirmait que l'Intelligence Infinie dirigeait toutes ses actitivés de la journée, que l'amour et l'harmonie divine prévalaient là où il y avait de la discorde et que son jugement, ses décisions et ses achats seraient gouvernés par la sagesse de Dieu bénissant son intelligence qui lui révélerait le plan parfait et lui montrerait la bonne voie à suivre. Il affirmait vigoureusement que Dieu savait toutes les réponses à tous ses problèmes et qu'il ne faisait qu'un avec Lui. Lorsqu'il appelait cette Sagesse Suprême, elle lui répondait toujours. Il affirmait fortement: «La loi et l'ordre divins me gouvernent, ils gouvernent le conseil des directeurs et l'entreprise entière. J'irradie l'amour, la paix, la prospérité et la bonne volonté envers chacun.»

En suivant cette méthode, il ne manqua jamais un jour de travail et fut plus en santé et plus heureux dans tous les domaines. De nouvelles idées créatrices lui vinrent continuellement pour le développement et la promotion des produits de la compagnie. En conséquence, l'entreprise prospéra au-delà de ses rêves les plus chers. Il gravit l'échelle de la hiérarchie exécutive et moins de deux ans plus tard, il fut élu président d'une grande entreprise à un salaire fabuleux.

Il s'était prouvé à lui-même que l'entreprise de Dieu prospère toujours. Vous pouvez en faire autant.

### Le jour présent n'est pas hypothéqué

Si vous ne pouvez pas payer l'hypothèque aujourd'hui, si vous vous trouvez incapable de payer certaines factures ou si vous anticipez l'échec aujourd'hui, souvenez-vous que tout ce que vous avez à faire est de changer votre pensée actuelle et vous changerez les événements. Vous connaissez toujours l'image extérieure de l'activité de votre esprit à tout moment. Ce qui vous arrive aujourd'hui est le résultat de la pensée et du sentiment d'aujourd'hui.

Pensez de façon juste aujourd'hui: le futur est toujours la pensée présente rendue concrète. Changez votre pensée aujourd'hui et vous pourrez rendre l'avenir harmonieux, paisible et rempli de succès.

Votre problème aujourd'hui est le résultat de la pensée d'aujourd'hui. Dans l'Esprit Divin, il n'y a pas de temps ou d'espace. Votre seul bien est le moment présent. Le passé est une pensée présente; le futur aussi est une pensée présente parce que vous ne pensez que dans le MAINTENANT. Vous vivez ce moment. Changez ce moment, et vous changez votre destinée! Le seul moment sur lequel vous avez le contrôle est ce moment présent. Voici pourquoi les anciens mystiques hindous disaient: «Dieu (votre bien) est le Maintenant Éternel.»

### Les trois étapes pour mener une entreprise au succès

Une jeune femme tenait un très beau salon de coiffure. Cependant, sa mère tomba malade et elle dut consacrer considérablement de temps à la maison, négligeant nécessairement son entreprise. Pendant son absence, deux de ses assistantes détournèrent des fonds et elle se retrouva profondément endettée.

Elle décida d'utiliser les trois étapes suivantes pour récupérer les pertes de son entreprise:

*Première étape:* elle commença à imaginer que le gérant de la banque locale la félicitait de ses formidables dépôts à la banque. Elle gardait cette image mentale pendant environ cinq minutes à la fois.

*Deuxième étape:* dans son imagination, elle entendait sa mère lui dire: «Je suis si heureuse que tu réussisses bien et que tu aies d'aussi merveilleuses clientes!» Elle continuait à imaginer sa mère lui répéter ceci joyeusement pendant environ trois à cinq minutes.

*Troisième étape:* juste avant d'aller dormir, elle affirmait: «Je dispense mes services aimablement à chacune de mes clientes et, à travers moi, Dieu bénit toutes celles qui fréquentent mon salon.»

En moins de trois semaines, son entreprise commença à être florissante et elle dut engager d'autres coiffeuses. Entre-temps, elle se maria et son mari lui donna $20 000 en cadeau de mariage, somme avec laquelle elle agrandit son entreprise pour offrir de nouveaux services.

### La vérité sur l'achat et la vente

On me consulte fréquemment sur l'achat et la vente dans le domaine de l'immeuble, des édifices et des magasins; véritablement, ceci s'applique à toute commodité que vous pourriez désirer acheter ou vendre. Lorsque vous désirez vendre, cela signifie que vous êtes prêt à vous départir de votre propriété ou de votre maison parce que vous désirez en changer; cela veut aussi dire que quelqu'un d'autre est prêt à recevoir.

En achetant ou en vendant, réalisez que vous êtes instantanément en contact avec le bon acheteur ou vendeur au bon moment et votre subconscient vous conduira l'un vers l'autre. Vous actionnez ainsi une loi de l'attraction et vous vous retrouverez négociant avec une personne qui est parfaitement satisfaite de la transaction; toute chose sera dans l'Ordre divin.

Le prix que vous demandez est toujours bon et juste si, en renversant la situation, vous êtes prêt à payer vous-même ce prix.

### Affirmations quotidiennes pour le succès financier

*Ne saviez-vous pas que je dois m'occuper des affaires de mon Père?* (Luc 2;49.) «Je sais que mon entreprise, ma profession ou mon activité est l'entreprise de Dieu. L'entreprise de Dieu est toujours remplie de succès à la base. Je grandis en sagesse et en compréhension chaque jour. Je sais, je crois et j'accepte le fait que la loi d'abondance de Dieu travaille toujours pour moi, à travers moi et autour de moi.

«Mon entreprise ou ma profession est remplie d'actions justes et d'expressions justes. Les idées, l'argent, la marchandise et les contacts dont j'ai besoin sont miens maintenant et en tout temps. Toutes ces choses sont irrésistiblement attirées à moi par la loi de l'attraction universelle. Dieu est la vie de mon entreprise; je suis divinement guidé et inspiré dans tous les sens. Chaque jour, on m'offre de merveilleuses occasions de croître, de me développer et de progresser. Je perfectionne ma bonne volonté. Je réussis grandement, parce que je négocie avec les autres comme je voudrais qu'ils le fassent avec moi.»

## RÉSUMÉ DU CHAPITRE

### Offrez-vous de bonnes pensées d'affaires

1. Toute entreprise est l'entreprise de Dieu et l'entreprise de Dieu prospère toujours. Accomplissez toutes choses avec plaisir et joie pour la gloire de Dieu.

2. Réalisez que Dieu est votre partenaire dans toutes vos transactions d'affaires et qu'Il habite vos acheteurs et vos clients, et vous serez guidé sur toutes vos routes.

3. Réalisez que Dieu est votre seul Employeur. En faisant ceci, vous serez engagé à profit et vous aurez un constant et profond sentiment de sécurité.

4. Votre attitude mentale dominante est votre vrai patron. Les idées sont vos maîtres et déterminent vos attitudes. Intronisez dans votre esprit les idées d'harmonie, de succès et de prospérité et nourrissez-les émotionnellement; vous trouverez que, ayant un bon patron à l'intérieur, la pareille apparaîtra à l'extérieur.

5. Pour réussir dans la vente, le service au client doit être votre premier but; le succès vous est alors assuré.

6. Si vous possédez le don de chanter dans votre coeur, réalisez que votre voix est la voix de Dieu et que votre chant émeut et bénit l'audience. Ceci est une route sûre vers la célébrité et la gloire.

7. Si votre entreprise fonctionne au ralenti, priez ainsi: «L'Intelligence Infinie me révèle des façons meilleures de servir.» Votre entreprise avancera étape par étape!

8. Vos expériences d'aujourd'hui ne sont pas causées par celles d'hier mais sont une représentation extérieure de votre pensée présente. Changez votre pensée maintenant et vous changerez tout. Le seul moment est *maintenant*. Le futur est déterminé par vos pensées *présentes*.

9. Pour acheter et vendre, réalisez que vous êtes instantanément en contact avec le bon acheteur ou le bon vendeur

au bon moment. La loi de l'attraction vous réunira et il y aura satisfaction mutuelle, harmonie et paix dans votre transaction.

# 10

# La loi de l'accroissement

Dans la Bible, nous lisons: *Moi, j'ai planté, Apollos a arrosé; mais c'est Dieu qui donnait la croissance.* (1 Cor 3;6) L'accroissement est ce que tous les hommes et toutes les femmes à travers le monde recherchent; c'est le besoin de Dieu en eux, cherchant une expression plus complète dans toutes les phases de leur vie.

Votre désir d'accroître votre richesse, de vous développer et de vous ouvrir est une impulsion fondamentale de votre être. Vous désirez accroître votre cercle d'amis merveilleux, vous désirez une meilleure nourriture, de meilleurs vêtements, une automobile et une maison plus belles et obtenir plus de luxe de la vie. De plus, vous désirez voyager plus, en apprendre plus au sujet des puissances intérieures et connaître une plus grande mesure de beauté. En bref, vous voulez vivre une vie plus abondante.

Vous plantez le blé dans le sol et vous arrosez la terre, mais Dieu donne l'accroissement en multipliant les grains de blé cent fois ou mille fois. De même, tout ce que vous semez dans votre esprit par l'entremise de la pensée, du sentiment et de l'imagination est augmenté en manifestation

L'accroissement signifie la multiplication de votre bien, le développement de votre pensée ou de votre plan embryonnaire. Si aucune action n'est amorcée, il ne peut évidemment pas y avoir d'accroissement. Commencez maintenant à imprégner l'idée de l'accroissement dans votre esprit. Vous ne pouvez le faire seul, cependant; c'est Dieu qui donne l'accroissement.

### Comment une idée attira des milliers de dollars

Le docteur Olive Gaze, l'épouse du défunt docteur Harry Gaze, célèbre conférencier international sur la psychologie de la vie quotidienne, me raconta cette anecdote intéressante au sujet de son défunt mari.

Le docteur Gaze était un très jeune homme lorsqu'il arriva d'Angleterre dans le but de donner des conférences aux États-Unis. Il avait décidé de donner des conférences à Chicago sur les lois de l'esprit. L'hôtel où il logeait était près de l'Opéra de Chicago et en regardant par la fenêtre, il vit une grande foule sortant de l'édifice après un spectacle en matinée. Il se dit en lui-même: «Je m'en vais parler sur les lois de l'esprit à un auditoire remplissant à pleine capacité cette salle de l'Opéra. Dieu me bénira et tous ceux qui m'écouteront me béniront en avalanche d'accroissement.»

Le docteur Gaze avait seulement cent dollars lorsqu'il alla voir le gérant de l'Opéra dans le but de louer la salle pour ses conférences sur la psychologie de la vie quotidienne. Le gérant rit, mais quand le docteur Gaze se mit à parler des puissances de l'esprit, il fut extrêmement intéressé et accepta de lui donner une semaine pour ramasser les quelques milliers de dollars nécessaires pour payer la location de la salle de l'Opéra pour sa série de conférences.

Au cours de la semaine, le docteur Gaze continua d'affirmer: «Dieu donne l'accroissement. Mon idée est bonne; elle bénit tous les gens. Dieu l'amplifie et la multiplie.»

Le docteur Gaze rencontra alors monsieur McCormick de Chicago, un multimillionnaire qui s'intéressait profondément aux thérapies mentales du docteur Gaze; il dîna avec lui et onze invités, tous millionnaires comme lui. Le docteur Gaze leur parla des puissances de l'esprit. Le résultat fut que chacun fit don d'un gros montant d'argent et ainsi, il paya toute la publicité nécessaire en plus de la grande somme nécessaire pour la location.

Le rêve du docteur Gaze s'était réalisé. On pouvait voir des foules quittant l'édifice de l'Opéra après chacune de ses conférences, exactement comme il l'avait imaginé de la fenêtre de sa chambre d'hôtel, quelques semaines auparavant. Le docteur Gaze avait implanté l'image mentale dans son esprit, accompagnée d'un sentiment de joie et de repos, en prévoyant l'accomplissement de son idée tout en sachant dans son coeur que Dieu donne l'accroissement.

### Comment un professeur donna l'accroissement à tous ses étudiants

Un professeur qui vient régulièrement à mes conférences me dit qu'elle avait l'habitude d'avoir beaucoup de problèmes avec les élèves indisciplinés à l'école. Elle adopta cependant la méthode suivante avec des résultats remarquables et étonnants.

Pendant quinze minutes chaque matin avant de commencer la classe, elle s'isolait, se recueillait dans son esprit et affirmait silencieusement ce qui suit: «Je suis un centre créatif de Dieu et je donne l'accroissement d'amour, de sagesse et de compréhension à tous les garçons et filles de ma classe. Je transmets maintenant l'idée de l'avancement et de la croissance à chaque élève. Je crois fermement que chaque élève apprend rapidement et est inspiré, harmonieux, aimant et coopératif. J'ai la ferme conviction que chaque enfant dans ma classe est un étudiant en progrès, et ma conviction est transmise à son subconscient. Il en est ainsi.»

Dans les années qui suivirent, ce professeur fut complimentée maintes et maintes fois sur l'ordre et la discipline dans ses classes et les notes de ses élèves sont exceptionnelles. Récemment, elle fut promue et transférée à une autre école avec une grosse augmentation de salaire. Elle proclamait un accroissement continuel pour elle-même et pour ses élèves, et elle s'aperçut qu'en donnant l'accroissement à tous ses élèves, Dieu les avait bénis tout comme elle.

Elle a une devise sur son bureau qui se lit: «Ce que je veux pour moi, je le veux pour chacun.» Elle en fut réellement récompensée.

### De charpentier ordinaire à constructeur de gratte-ciel

Récemment, je suis revenu d'une tournée de conférences à Phoenix, en Arizona, où j'ai parlé dans l'Église de la Science divine dirigée par le docteur Jacob Sober, ancien rabbin renommé qui dirige maintenant des services non confessionnels sur les lois mentales et spirituelles.

Pendant mon séjour là-bas, je causai avec un homme qui me dit que, vingt ans auparavant, il avait été charpentier, remplissant quelques petits contrats disparates dans cette ville du désert. Il avait vécu dans une vieille cabane délabrée sur la montagne voisine. Il avait cependant ressenti un désir inextinguible de construire des gratte-ciel comparables à ceux de New York. Il commença à se dire: «Je m'enrichis, je rends les autres très riches et je confère des bienfaits à tous.»

Suivant cette nouvelle attitude d'esprit, il commença à attirer des hommes et des femmes qui réclamaient ses services. Son entreprise de charpenterie s'accrut si rapidement qu'il ne put suffire à la tâche et dut engager d'autres hommes.

Il construisit une maison pour un homme très riche de l'Est qui venait s'installer dans le coin à cause de sa santé. Grâce à l'excellent travail de notre charpentier, cet homme lui ouvrit une entreprise comme constructeur, retenant un petit intérêt dans l'entreprise. Lorsque cet homme riche vint à mourir, il laissa le charpentier comme unique propriétaire. Aujourd'hui, cet humble charpentier vaut plusieurs millions de dollars et a déjà construit plusieurs gratte-ciel.

Commencez maintenant à vous sentir riche comme ce charpentier l'a fait et vous serez surpris des bienfaits inattendus qui vous arriveront de tous les côtés. Vous serez capable de progresser vers une entreprise plus diversifiée et, avec l'aide de Dieu, vous recevrez inévitablement toute la richesse dont vous avez besoin pour réaliser vos plans, de long en large.

Peu importe qui vous êtes ou ce que vous faites, que vous soyez sténographe, secrétaire, avocat, chimiste, chauffeur de taxi ou ecclésiastique, si vous commencez maintenant à centrer votre esprit sur la pensée de la richesse, de la santé et du bonheur des autres, ils le sentiront inconsciemment et seront attirés à vous par la loi universelle de l'attraction. Vous deviendrez fabuleusement riche et vous prospérerez spirituellement, mentalement et matériellement.

### Pourquoi les gens se dirigent en foule vers sa porte

Un jeune médecin que je connais étonna ses confrères par son succès phénoménal. Les patients venaient à lui en foule. Il me dit que le premier jour qu'il ouvrit son bureau, il médita de cette façon: «Je donne l'accroissement de la vie aux autres. Dieu est le Grand Médecin et je suis son instrument; Il guérit à travers moi. Chaque personne que je touche est miraculeusement guérie et je suis constamment en accord avec la Présence Curative Infinie. Je suis reconnaissant pour mon succès, ma réussite et pour les richesses de la vie.»

Chaque jour, il prie en ces termes. Il ne peut suffire à soigner tous les patients qui se présentent à lui et il doit en référer plusieurs à d'autres médecins.

### Comment le renouvellement de l'esprit profita à un ministre

Je parlais récemment à un ministre qui déplorait le fait que le nombre de ses fidèles était réduit à environ cinquante ou soixante personnes. Pendant l'entretien, nous avons déterminé la raison de cette détérioration: il ne leur avait pas donné ce qu'ils voulaient ou ce dont ils avaient besoin.

Sur-le-champ, il transforma son attitude d'esprit et commença à enseigner aux gens comment mener une vie pleine et heureuse, comment prospérer, comment établir des relations humaines harmonieuses, comment aimer et être aimé, comment prospérer en affaires ou dans une profession et comment être en santé, plein de vie et inspiré. Il avait réalisé qu'il ne pouvait pas prêcher ces qualités aux autres sans qu'elles fassent partie de sa propre vie.

Il commença à pratiquer ce qu'il prêchait, il démontra les lois de la vie du haut de sa chaire. En trois mois, il augmenta l'assistance à ses services religieux à plus de cinq cents personnes. Ses paroissiens lui disent: «Ce sont les choses que nous voulons entendre. Nous avons un nouvel homme dans la chaire.»

Il fut transformé par le renouvellement de son esprit. Ce ministre a prouvé que la loi de l'accroissement est aussi mathématiquement exacte que les lois de la chimie, de la physique ou de la gravité.

## Il existe pour vous de perpétuelles occasions d'avancement

Certaines personnes disent qu'elles ne peuvent avancer ou être promues parce qu'elles travaillent à un endroit où il n'y a pas d'occasions d'avancement ou à un endroit où les salaires sont soumis à certaines règles. Tout ceci n'est pas nécessairement vrai. Vous pouvez utiliser les lois de l'esprit pour progresser et avancer dans la vie dans n'importe quelle circonstance.

Le secret est de former une image mentale claire de ce que vous voulez être, de savoir que la puissance et la sagesse de votre subconscient vous supporteront, de persévérer et d'être déterminé à devenir ce que vous voulez être. Croyez que votre image mentale se développera dans votre subconscient et qu'elle se concrétisera dans votre existence.

Aimez ce que vous faites maintenant, faites de votre mieux là où vous êtes. Soyez cordial, bon, affable et rempli de bonne volonté. Pensez grand et pensez aux richesses et votre travail actuel sera simplement un tremplin vers votre triomphe. Soyez conscient de votre vraie valeur et demandez les richesses dans votre esprit et les richesses pour chacune des personnes que vous rencontrez durant la journée, que ce soit votre patron, un associé, le contremaître, un client ou un ami, tous ceux qui vous entourent. Vous sentirez votre irradiation de richesses et d'avancement et l'Intelligence Infinie ouvrira pour vous très bientôt une nouvelle porte sur une occasion favorable.

Il n'y a rien au monde qui vous retienne, sauf vous-même, c'est-à-dire votre pensée et votre opinion de vous-même.

Lorsque vous cherchez et imaginez l'avancement et lorsque l'occasion se présente à vous d'avoir plus d'argent et un statut et du prestige accrus, si vous vous sentez réceptif à l'idée, prenez-la et elle s'avérera être une étape vers de plus nobles et plus grandes occasions. Entrez maintenant dans la vie en progression et goûtez les richesses de Dieu ici et maintenant.

### Comment un homme d'affaires surmonta sa pensée négative

Une femme vint se plaindre à moi un jour de ce que son mari blâmait constamment le gouvernement, les impôts et le système compétitif pour son manque d'argent.

En lui parlant, je découvris qu'il pensait être victime des conditions extérieures au lieu d'être le maître de sa situation. Il commença à réaliser, cependant, qu'il pouvait adopter un plan de pensée créatrice qui influencerait son environnement et sa condition et qu'il était un citoyen du Royaume de Dieu. Sa prière quotidienne était celle-ci:

«La loi de l'accroissement est inévitable et mon esprit est constamment ouvert à un accroissement généreux. Mon entreprise grandit, s'élargit et se déploie d'une merveilleuse façon et mon argent est toujours multiplié excessivement. Je suis richement et abondamment approvisionné intérieurement et extérieurement à partir de la mine infinie en moi. J'ouvre mon esprit et mon coeur à l'abondance et aux richesses de Dieu et je suis de plus en plus riche intérieurement et extérieurement.»

En nourrissant son esprit de ces vérités intérieures, son approvisionnement extérieur devint plus abondant. Il est maintenant en affaires à son compte et il est excessivement prospère.

## RÉSUMÉ DU CHAPITRE

### *Pensez à ces choses*

1. L'accroissement est ce que tous les hommes recherchent. C'est le besoin de Dieu qui cherche à s'exprimer à travers vous, vous disant de monter et de vous élever à un plus haut niveau.

2. Semez une image mentale dans votre esprit, accompagnez-la d'un sentiment de joie et de tranquillité et contemplez la fin heureuse; vous connaîtrez ainsi la joie de la prière exaucée.

3. Vous êtes un centre créateur et vous pouvez donner un accroissement d'amour, de sagesse et de compréhension à tous. En donnant, vous recevez, et des merveilles se produisent dans votre vie.

4. Laissez ces vérités s'imprégner dans votre esprit; imbibez-les de foi et d'attente: «Je m'enrichis, je rends les autres riches et je confère des bienfaits à tous.» Voici le chemin royal vers les richesses.

5. Donnez l'accroissement aux autres dans votre pensée et réalisez que vous êtes un instrument par lequel s'expriment l'amour, la vérité, la beauté et les richesses de Dieu. Affirmez que ces qualités circulent aussi à travers les autres et vous vous attirerez des richesses, des amis, des clients, des acheteurs et de merveilleuses expériences.

6. Si vous êtes ministre, enseignez aux gens la vie abondante et comment la réaliser, enseignez-leur les lois de la prospérité et la science d'une vie heureuse, joyeuse et

remplie de succès, et il n'y aura pas de siège vide dans votre église.

7. Les occasions favorables frappent toujours à votre porte. Formez une image mentale claire de ce que vous voulez être, sentez et sachez que la puissance de votre subconscient le réalisera. Ceci est votre occasion favorable maintenant!

8. Il n'y a personne à blâmer, sauf vous. Cessez de blâmer le gouvernement, les impôts, la concurrence et les conditions dans le monde. Vous êtes un citoyen de l'esprit infini et des richesses infinies. Pensez grand, imaginez les richesses et sentez que vous êtes riche; la loi de l'attraction fera le reste.

# 11

# L'image mentale
# et les richesses

Napoléon a dit: «L'imagination gouverne le monde»; dans la même ligne de pensée, Henry Ward Beecher disait: «L'âme sans l'imagination est comme un observatoire sans le télescope.»

L'imagination est une des facultés fondamentales de votre esprit. Elle a la puissance de projeter et d'habiller vos idées, de les rendre visibles sur l'écran de l'espace. L'imagination est le puissant instrument utilisé par les grands scientifiques, les artistes, les physiciens, les inventeurs, les magnats des affaires et les écrivains. Les scientifiques, grâce à leur imagination, pénètrent les profondeurs de la réalité et deviennent capables de révéler les secrets de la nature.

Lorsque le monde dit: «C'est impossible; cela ne peut pas être fait», l'homme à l'imagination disciplinée, contrôlée et dirigée dit: «*C'est* fait.»

C'est aussi facile que ça, et beaucoup plus intéressant, captivant et alléchant pour vous de vous imaginer riche et rempli de succès que de rester dans la pauvreté, la pénurie et l'échec. Si vous désirez obtenir la réalisation de vos désirs ou de vos idéaux, formez une image mentale d'accomplissement dans votre esprit; imaginez constamment la réalité de votre désir. De cette façon, vous la forcerez à se concrétiser.

Ce que vous imaginez être vrai existe déjà dans votre esprit et si vous restez fidèle à votre idéal, il se concrétisera un jour. Le Maître architecte en vous projettera sur l'écran de la visibilité ce que vous imprimez dans votre esprit.

## Il imagina une entreprise d'une valeur d'un million de dollars

Un homme d'affaires extraordinaire me dit, au cours d'une conversation, comment il avait débuté dans un petit magasin mais que, régulièrement et systématiquement au cours des années, il s'était imaginé à la tête d'une grosse entreprise avec des succursales partout dans le pays. Pendant dix ou quinze minutes le matin, l'après-midi et le soir, il visualisait des édifices géants, des manufactures et des magasins dans l'oeil de son esprit en sachant que, grâce à l'alchimie de son esprit, il tissait le tissu pour habiller son rêve.

Graduellement, son entreprise commença à prospérer et il dut agrandir son magasin et ouvrir d'autres succursales. Par la loi universelle de l'attraction, il commença à s'attirer les idées, le personnel, les amis, l'argent et tout ce dont il avait besoin pour le déploiement complet de son idéal.

Il exerça et cultiva vraiment et sincèrement son imagination et il vécut avec ces modèles mentaux jusqu'à ce que ses facultés imaginatives les rendent possibles. Aujourd'hui, il est fabuleusement riche et il est président d'une entreprise qui emploie des milliers de gens.

## Elle créa les richesses pour son frère

Une étudiante de l'Université du sud de la Californie m'entendit expliquer qu'une des significations de *Joseph* dans la Bible est *l'imagination* et que la Bible dit: *il porte un manteau multicolore.* En langage biblique, un *manteau* est une couverture psychologique. Vos «habits» psychologiques sont les attitudes, les humeurs et les sentiments que vous nourrissez. *Le manteau multicolore* de Joseph représente les nombreuses facettes d'un diamant ou votre capacité à revêtir toutes vos idées d'une forme.

L'étudiante commença à imaginer son frère, qui était très pauvre, comme vivant dans le luxe. Elle imagina sa figure illuminée de joie, son expression transformée et un large sourire sur ses lèvres. Elle imagina qu'il lui disait ce qu'elle voulait entendre, tel: «Petite soeur, je suis riche, rempli de succès et heureux. Je me sens merveilleusement bien! J'ai une nouvelle auto et un bel appartement et je nage dans les richesses!»

Elle était fidèle à son image mentale le soir et le matin, et elle la rendit vivante et réelle jusqu'à ce qu'elle ait réussi à imprégner son subconscient de ce film mental. Au bout de deux mois, on offrit une position merveilleuse à son frère; la compagnie où il travaillait lui avait donné une auto pour les besoins de son travail et il avait gagné une grosse somme d'argent dans une loterie! Cette fille eut la joie et la satisfaction d'entendre son frère lui dire objectivement ce qu'elle avait senti subjectivement comme étant vrai.

Vous pouvez imaginer l'abondance et les richesses là où il y a un manque, la paix là où il y a la discorde, et la santé là où il y a la maladie. L'imagination dispose de tout; elle crée les richesses, la beauté, la justice et le bonheur qui sont tout en ce monde.

### *Imaginez le succès en matières financières*

Un de mes amis en affaires me dit un jour qu'il avait de la difficulté à percevoir $10 000 qui lui étaient dus pour de la mar-

chandise vendue à un de ses anciens clients. Mon ami avait
supplié l'homme pendant plus de deux ans mais il n'avait rien
reçu d'autre que des promesses de payer non remplies. Il
hésitait à poursuivre cet ancien client à cause de leur longue
association en affaires; mais il était profondément irrité et fâché
contre lui.

Suivant ma suggestion, mon ami inversa son attitude envers
son client. Il commença à imaginer et à affirmer que ce client
était honnête, sincère, aimant et bon; après un bout de temps,
la réaction de mon ami changea. Il s'assoyait tranquillement
plusieurs fois par jour et imaginait un chèque de $10 000 dans
ses mains et il s'imaginait, en chair et en os, en train de déposer
le chèque à la banque. En plus, il s'assit et écrivit à son client
une lettre imaginaire de remerciement pour avoir payé sa dette;
il scella la lettre et la plaça dans un tiroir de son bureau.

Il savait qu'en donnant une image définie à son subconscient, celui-ci la réaliserait. En dix jours, il reçut une enveloppe de son client, incluant le chèque de $10 000 auquel
était attachée cette note: «J'ai beaucoup pensé à toi ces derniers jours. Je sentais que je devais te payer au complet. Je
regrette le délai; un jour, je t'expliquerai.» Ceci prouve qu'un
changement d'image mentale change tout.

### L'imagination déverse des richesses

C'est réellement à partir de l'esprit imaginatif de l'homme
que la télévision, la radio, le radar, l'avion supersonique et
toutes les inventions modernes se concrétisent. Votre imagination est la maison du Trésor de l'Infini qui vous remet tous les
joyaux précieux de la musique, de l'art, de la poésie et des
découvertes.

Arrêtez-vous un moment pour penser à un architecte distingué et talentueux. Il construit dans son esprit une très belle ville moderne pour les citoyens du troisième âge, une ville du vingtième siècle avec des piscines, des aquariums, des centres récréatifs, des parcs, etc. Il peut construire dans son esprit le plus magnifique palais que l'oeil humain n'ait jamais vu. Il peut visualiser les édifices dans leur totalité, complètement érigés avant qu'il ait donné ses plans aux constructeurs. Ses richesses intérieures créent des richesses extérieures pour lui et pour un nombre incalculable d'autres personnes.

Vous êtes l'architecte de votre avenir. Vous pouvez maintenant regarder un gland et, avec votre oeil imaginatif, construire une magnifique forêt remplie de rivières, de ruisseaux et de ruisselets. Vous pourriez peupler la forêt de tous genres de vie; de plus, vous pourriez attacher une boucle à chaque nuage. Vous pourriez regarder un désert et l'amener à s'embellir et à s'épanouir comme une rose. Les hommes qui ont de l'intuition et de l'imagination trouvent de l'eau dans le désert et ils créent des villes là où d'autres hommes n'ont vu qu'un désert et un pays inculte.

### Une fortune dans le désert

Il y a environ dix ans, j'achetai un bout de terrain dans Apple Valley d'un homme qui me dit qu'au plus fort de la Dépression des années 1930, lui et sa femme se rendaient au Nevada et en passant à Apple Valley, un vaste désert, il dit à sa femme: «Il y aura une ville ici dans peu de temps. Beaucoup de gens déménageront ici dans ce désert et construiront des écoles, des hôpitaux, des maisons et des industries. Ce sont des terrains du gouvernement; je vais en acheter 600 acres.»

Le prix dans ce temps-là était de $2 l'acre. D'un investissement de $2 l'acre, il fit une petite fortune. Cette terre se vend maintenant à $400 l'acre, peut-être plus. D'innombrables milliers d'hommes et femmes ont passé dans cette même région vers le Nevada. Ils n'ont vu qu'un désert; il a vu une fortune.

La Bible dit: ...*Je transformerai le désert en étang et la terre aride en fontaines* (Is 41;18).

### Comment une personne visualisa ses désirs avec succès

Un professeur qui écoute mes émissions quotidiennes à la radio m'écrivit en disant qu'elle avait écrit dans un calepin les mots *Santé, Richesse, Amour* et *Expression*. Elle dit qu'elle manquait de santé et d'argent, qu'elle était célibataire et qu'elle cherchait l'occasion d'enseigner dans une université. Sous le titre *Santé*, elle écrivit: «Je suis en pleine santé; Dieu est ma santé.» Sous le titre *Richesse*, elle écrivit: «Les richesses de Dieu sont maintenant miennes, et je suis riche.» Sous le titre *Amour*, elle écrivit: «Je suis heureusement mariée et divinement heureuse.» Sous le titre *Expression* elle écrivit: «L'Intelligence Divine me mène et me guide à ma vraie vocation que j'accomplis de façon parfaite pour un merveilleux salaire.»

Chaque matin et chaque soir, elle regardait ce qu'elle avait écrit dans son calepin et elle affirmait: «Tous ces désirs sont maintenant satisfaits dans mon subconscient.» Elle prenait alors un peu de temps pour imaginer le résultat complet sous chaque catégorie. Elle imaginait son médecin qui lui disait: «Vous êtes complètement guérie. Vous êtes très bien, maintenant.» Elle imaginait sa mère, avec qui elle vivait, lui disant: «Tu es riche, maintenant. Nous pouvons déménager et voyager. Je suis si heureuse.» Alors, elle imaginait un ministre disant: «Je vous déclare maintenant mari et femme», et elle *sentait* le naturel, la solidité et la tangibilité d'une bague imaginaire placée à son doigt. Avant de dormir, sa dernière image mentale était celle de son directeur lui disant: «Je *regrette de te* voir partir, mais je suis content d'entendre que tu as un poste d'enseignante à l'université. Félicitations!»

Elle faisait passer chaque film mental séparément pendant environ cinq minutes tout en étant complètement relaxée et joyeuse, sachant que ces images s'enfonceraient par osmose dans son esprit profond, ou elles se formeraient dans la noirceur et seraient rendues manifestes au bon moment et de la bonne manière. Elle trouva cet exercice mental très fascinant et son monde se fondit apparemment magiquement dans l'image et la ressemblance de son imagination quotidiennement disciplinée, contrôlée et dirigée. En moins de trois mois, tous ses désirs furent satisfaits.

Elle découvrit qu'il y a un dessinateur, un architecte, un tisserand intérieur qui prend le tissu de votre esprit, de vos pensées, de vos images, de vos sentiments et de vos croyances et le façonne en un modèle de vie qui vous apporte les richesses de la santé, de la fortune, de l'amour et de l'expression. Son verset préféré de la Bible est le psaume 121;1: *Je lève les yeux (imagination) vers les monts d'où viendra mon secours.*

### Vous créez constamment des images

Vous utilisez constamment votre imagination, soit constructivement, soit destructivement. Vous pensez en images mentales. Pensez à votre mère et vous l'imaginez, pensez à une maison et vous en voyez une dans l'oeil de votre esprit. Une personne frappée par la pauvreté imagine toujours le manque et la limitation de toutes sortes et l'esprit produit selon l'image mentale qui y est imprégnée.

141

Lorsque vous avez décidé de vous marier, vous aviez des images vivantes et réalistes dans votre esprit. Grâce à la puissance de votre imagination, vous avez pu voir le ministre ou le prêtre. Vous l'entendiez prononcer les paroles; vous voyiez les fleurs et l'église et vous entendiez la musique. Vous imaginiez la bague à votre doigt et vous voyagiez en imagination vers votre lune de miel aux chutes Niagara ou en Europe. Tout ceci fut fait par votre imagination.

De même, avant de recevoir vos diplômes, une dramatisation très belle et spectaculaire prit forme dans votre esprit; vous avez vêtu d'une forme matérielle toutes vos idées à propos de la collation de vos diplômes. Vous avez imaginé un professeur ou le recteur de l'université vous donnant votre diplôme. Vous avez vu tous les étudiants vêtus de leur toge. Vous avez entendu votre mère ou votre père ou votre ami de coeur vous féliciter; vous avez senti leur étreinte et leur baiser. Tout était réel, émouvant, excitant et merveilleux.

Les images apparaissaient librement dans votre esprit comme si elles venaient de nulle part, mais vous saviez et deviez admettre qu'il y avait et qu'il y a un Créateur Interne possédant la puissance de façonner toutes ces formes que vous envisagiez dans votre esprit, de les doter de vie et de mouvement et de leur donner une voix. Ces images vous disaient: «Nous ne vivons que pour toi.»

## Comment un courtier imagine les richesses pour les autres

Un de mes amis, qui est courtier, est intensément intéressé à faire de l'argent pour ses clients. En conséquence, il a très bien réussi et récemment, il fut promu à la position de vice-président exécutif de sa compagnie. Sa méthode est très simple. Avant de venir à son bureau, il s'assoit immobile, calme son esprit, détend son corps et engage mentalement des conversations imaginaires avec certains de ses clients qui, l'un après l'autre, le félicitent de sa sagesse et de son jugement sûr et le complimentent aussi sur ses achats de bonnes actions. Il visualise cette conversation imaginaire régulièrement et il l'implante psychologiquement dans son subconscient sous une forme de croyance dans son esprit.

À quelques reprises durant la journée, ce courtier retourne aux images mentales de son esprit, créant ainsi une profonde impression sur son subconscient. Il me dit qu'il fait réaliser de petites fortunes à plusieurs de ses clients et qu'il n'en a pas encore vu un perdre de l'argent suite à son conseil.

Ce courtier réalise que ce qui est subjectivement concrétisé est dans l'ordre naturel des choses objectivement exprimées. C'est l'image mentale *maintenue* qui est développée dans la profondeur de l'esprit. Faites souvent passer votre film mental. Prenez l'habitude de le projeter sur l'écran de votre esprit. Après un bout de temps, il deviendra un modèle habituel et défini. Le film intérieur que vous avez vu avec l'oeil de votre esprit se manifeste ouvertement. Dans Romains 4;17, nous lisons: ...*le Dieu qui donne la vie aux morts et appelle le néant à l'existence.*

### La science des richesses

Dans la science de l'imagination, vous devez tout d'abord commencer par discipliner votre imagination et ne pas la laisser se déchaîner. *La science insiste sur la pureté.* Si vous désirez un produit chimiquement pur, vous devez enlever toutes les traces des autres substances aussi bien que de toute *autre* matière étrangère; vous devez rejeter toute impureté.

Dans la science de l'imagination, vous éliminez toutes les impuretés telles l'envie, la convoitise, la peur, l'inquiétude et la jalousie. Vous devez concentrer toute votre attention sur vos buts et vos objectifs dans la vie et refuser d'être détourné de votre but ou de votre objectif qui est de mener une vie riche et heureuse. Devenez mentalement absorbé dans la réalité de vos désirs et vous les verrez se matérialiser dans votre univers.

Un homme d'affaires très prospère rentre chez lui après le bureau et projette un film dans son esprit défaitiste; il voit les tablettes vides, s'imagine allant vers la faillite avec un compte en banque vide. Il imagine même son entreprise fermée; mais pendant tout ce temps, il prospère véritablement. Il n'y a aucune vérité dans son image mentale négative; c'est un mensonge fabriqué de toute pièce.

En d'autres mots, la chose dont il a peur n'existe pas sauf dans son imagination morbide. L'échec ne se réalisera jamais à moins qu'il ne garde cette image morbide chargée de peur. S'il se prête constamment à cette image mentale, il amènera certainement l'échec à se réaliser. Il a le choix entre l'échec et le succès, mais il choisit l'échec.

Intronisez maintenant dans votre esprit les images mentales, les idées et les pensées de guérison, de bénédiction, de prospérité, d'inspiration et de force. C'est vrai que vous devenez ce que vous vous imaginez être. Votre imagination soutenue est suffisante pour refaire votre univers. Faites confiance aux lois de votre esprit pour amener votre bien à se réaliser et vous connaîtrez tous les bienfaits et les richesses de la vie.

## RÉSUMÉ DU CHAPITRE

### *Récapitulation de vos aides vers les merveilles de l'imagination*

1. «L'imagination gouverne le monde.» Napoléon.

2. L'imagination est une des facultés fondamentales de votre esprit et a la puissance de projeter et d'habiller toutes vos idées en leur donnant une forme sur l'écran de l'espace.

3. Si vous êtes en affaires, vous pouvez imaginer une plus grande entreprise, de nouveaux bureaux, de nouveaux édifices, des succursales additionnelles et, grâce à l'alchimie de l'esprit, vous pouvez amener ces images à se réaliser.

4. Vous pouvez rendre les autres riches en les imaginant comme ils devraient être: radieux, heureux, joyeux, riches et couronnés de succès. Restez fidèle à votre image mentale et elle se réalisera. C'est cela bénir votre prochain.

5. Si vous avez de la difficulté à percevoir une dette, imaginez le chèque dans votre main et sentez sa réalité; soyez reconnaissant de la prospérité et du succès de la personne qui vous doit l'argent et miraculeusement, la dette vous sera payée.

6. C'est à partir des puissances imaginatives de l'homme que viennent nos découvertes telles la radio, la télévision, le radar et les avions supersoniques. L'imagination sonde les profondeurs de l'esprit et ce qui existe à l'état latent est sorti et projeté sur l'écran de l'espace.

7. Lorsque vous regardez le désert, que voyez-vous? Certaines gens voient des richesses fabuleuses et rendent le désert enchanté et florissant. L'imagination est appelée «l'atelier de Dieu».

8. Vous pouvez imaginer l'accomplissement de chaque désir en projetant un film mental, en imaginant et en dépeignant la fin et votre subconscient l'amènera à se réaliser.

9. Vous créez toujours des images, quelles soient négatives ou constructives. Imaginez seulement ce qui est beau et de bon aloi pour vous et pour les autres. Demandez-vous: «Est-ce que j'aimerais vivre avec ce que j'imagine pour l'autre?» Votre réponse devrait être «Oui». Souvenez-vous que ce que vous désirez pour l'autre, vous le désirez pour vous-même.

10. Imaginez que les autres sont heureux, joyeux, riches et in-fluents et réjouissez-vous de leur prospérité et de leur succès. Ceci est une façon sûre d'acquérir les richesses pour vous-même.

11. Dans la science de l'imagination, vous éliminez toutes scories et impuretés, telles la convoitise, la jalousie, l'envie, la peur, le doute et la haine. Concentrez votre attention seulement sur vos buts et imaginez-les accomplis selon l'Ordre Divin.

12. L'homme est ce qu'il s'imagine être. Imaginez ce qui est beau, noble et à la ressemblance de Dieu. Sentez-vous riche et toutes les richesses des cieux graviteront vers vous.

# 12

# Soyez un souleveur
# et enrichissez-vous

La Bible dit: *Et moi, élevé de terre, j'attirerai tous les hommes à moi* (Jn 12;32).

Cette affirmation, comme plusieurs autres dans la Bible, est purement psychologique et spirituelle, écrite dans un langage oriental idiomatique, nous disant à tous comment nous élever nous-mêmes au-dessus de la pauvreté, de la maladie, du manque et de la limitation de toutes sortes.

Pour être un souleveur, vous devez élever vos désirs au point d'acceptation; alors la manifestation suivra. Vos sens physiques rapportent leurs informations qui, au mieux, sont décourageantes. Comme souleveur, vous vous tournez intérieurement vers la Présence et la Puissance Infinie et vous y ancrez votre esprit. Vous répondez à cette Présence Infinie et lorsque vous appelez la Puissance Divine, vous recevez une réponse. Vous pouvez recevoir le courage, la foi, la force, la puissance et la sagesse qui transcendent les sens physiques ordinaires. Vous êtes alors élevé, l'ancien état meurt et le nouvel état est ressuscité.

Vous ne pouvez pas manifester votre bien dans un état dépressif. Retenez votre vision et contemplez sa réalité et vous vous élèverez au-dessus de tous les obstacles, entraves et difficultés. En contemplant la Présence de Dieu en vous, vous dissiperez automatiquement toutes les ombres de frayeur cachées dans votre esprit.

En général, ce n'est pas par accident que vous passez des taudis et de l'obscurité à la richesse, l'honneur et la célébrité en sauvant quelqu'un qui se noie au bord de la mer ou en rencontrant un millionnaire qui vous aime. Souvenez-vous d'une simple vérité: vous démontrerez toujours votre caractère car le caractère est la destinée.

### Comment parvenir à son apogée

Libérez votre énergie, vos talents et vos aptitudes et développez un zèle et un enthousiasme pour en apprendre davantage sur vos puissances internes. Vous pouvez vous élever vous-même à des sommets étonnamment grands. Un homme énergique, confiant et entreprenant qui s'occupe d'affaires, fait la bonne chose et pratique la règle d'or fera un succès de sa vie, qu'il rencontre ou non un étranger qui l'aidera, qu'il connaisse ou non le bon membre du congrès ou qu'il gagne ou non un billet de loterie.

Votre caractère et votre attitude mentale vous formeront ou vous briseront. Ceci est vrai de vous, de votre pays, de votre entreprise, de votre église ou de n'importe quelle institution.

Si vous désirez vous élever et dépasser d'une tête le commun des mortels, demandez à Dieu de vous donner ce dont vous avez besoin et Il vous le donnera. Vous pouvez bâtir dans votre subconscient n'importe quelle qualité que vous désirez en méditant chaque jour sur cette qualité.

### La joie de vaincre

Vous êtes ici pour croître, pour vous dépasser et pour découvrir la Divinité en vous. Vous êtes ici pour rencontrer des problèmes, des difficultés et des défis et pour les vaincre ensuite. La joie est dans le dépassement! Si le mot croisé était rempli pour vous, ce serait un monde bien insipide et ennuyant. L'ingénieur se réjouit de vaincre les obstacles, les échecs et les difficultés en construisant son pont. Vous êtes ici pour aiguiser vos outils mentaux et spirituels pendant que vous vous enrichissez en sagesse, en force et en compréhension: autrement, vous ne découvrirez jamais votre Divinité.

Ne laissez pas votre jeune garçon dépendre indéfiniment de vous pour tout. Lorsqu'il est assez vieux, enseignez-lui à tondre le gazon, à vendre des journaux et à accomplir toute sorte de tâches pour lesquelles il peut être rémunéré. Enseignez-lui la dignité du travail et que l'argent qu'il reçoit pour tondre le gazon d'un voisin ou pour vendre les journaux récompense un travail bien fait. Ceci donnera à votre jeune fils la fierté de l'accomplissement et de sa contribution à servir les autres. Cela lui enseignera aussi l'assurance et la confiance en soi. Enseignez-lui aussi à voir le bien dans les autres et à le faire ressortir; ainsi, il sera toujours un souleveur au lieu d'être un faible, un profiteur et un plaignard. Il respectera et économisera ce qu'il gagne, mais il gaspillera l'argent que vous lui donnez dans le juke-box ou au billard.

### Comment élever les autres

Vous devez faire attention à la manière dont vous donnez aux autres. Ne volez jamais à un homme son occasion de croître et d'avancer. Le jeune homme qui reçoit de l'argent et de l'aide trop facilement et trop fréquemment trouve cette situation plus facile que sa découverte et son élan personnels. L'assistance constante est destructive à sa virilité. Cessez de le mutiler et de détruire ses caractéristiques viriles. Donnez-lui l'occasion de vaincre et de découvrir ses puissances intérieures; autrement, vous ferez de lui un faible qui demandera toujours l'aumône.

J'ai dit à une femme de cesser de remplir le réfrigérateur d'un parent qui venait de la Côte Est. Son attitude était: «Pauvre Tom, il est étranger ici. Il lui est difficile de se trouver un emploi», etc. Elle payait son loyer, payait sa nourriture et lui donnait de l'argent de poche en attendant qu'il puisse se trouver du travail. Il ne se trouva jamais d'emploi mais devint plutôt le parfait profiteur s'offensant même de ce qu'elle ne lui en donnât pas davantage! Au dîner de Noël auquel il avait été invité, il vola presque toute son argenterie. Elle pleura: «Pourquoi fait-il ceci, après tout ce que j'ai fait pour lui?»

Elle l'avait regardé avec les yeux du manque et de la limitation et au lieu de l'élever en réalisant qu'il ne faisait qu'un avec l'Infini et qu'il était divinement conduit à sa vraie place, au lieu de le vêtir mentalement des richesses célestes elle l'avait, au figuré, habillé de haillons. Il le sentit subconsciemment et réagit en conséquence.

Vous devriez toujours être prêt à aider une personne qui a vraiment faim ou qui est dans le besoin ou dans la détresse. Ceci est juste, bon et vrai. Assurez-vous cependant de ne pas en faire un parasite. Votre aide doit toujours être basée sur la direction divine et votre but doit être de l'aider à s'aider. Enseignez-lui où trouver les richesses de la vie et à devenir auto-suffisant et contribuer de son mieux à l'humanité et il n'aura jamais besoin d'un bol de soupe, d'un vieux vêtement ou d'aumône.

*...La Loi, la justice, la miséorde et la bonne foi; c'est ceci qu'il fallait pratiquer, sans négliger cela* (Mt 23;23). Nous sommes tous prêts à aider, mais c'est mal de contribuer aux man-

ques, à la négligence, à la paresse, à l'apathie et à l'indifférence des autres.

### Le caractère est la destinée

Nous tous sommes ici pour mettre la main à la pâte. Si vous n'êtes vêtu que d'un pagne, quelqu'un l'a fait pour vous. Que faites-vous pour les autres? Travaillez-vous et contribuez-vous de vos talents et de vos aptitudes? Il y a plusieurs mendiants qui sont robustes et qui se font une profession de demander l'aumône et aussi longtemps que vous leur en donnerez, ils ne travailleront pas. Ils deviennent des parasites et des faibles. Certains d'entre eux sont très riches et ont des maisons et des autos à la mode, que ce soit à Londres, à New York ou ailleurs.

En chaque homme, il y a une vaste mine de dons, de puissances et de richesses non encore découverte. Chaque homme est responsable et les garçons doivent être rendus conscients de leurs responsabilités envers la société. Nous faisons tous partie de l'humanité sur le chemin de la vie. Vous devez faire votre part, que ce soit de ramer dans un bateau ou de conduire une auto. La vie récompense la foi, le courage, l'endurance, la persévérance et la persistance en multipliant ces qualités. C'est en surmontant les obstacles que vous développez du caractère et le caractère est la destinée.

### Votre soutien intérieur

Appuyez-vous sur Dieu et non sur les gens ou le gouvernement. Le gouvernement ne peut rien vous donner à moins qu'il ne vous le prenne d'abord. De plus, aucun gouvernement ne peut légiférer la paix, l'harmonie, la joie, l'abondance, la sécurité, la sagesse, l'amour du voisin, l'égalité, la prospérité ou la bonne volonté. Tout cela vient du monde spirituel en vous.

Il y a le faible qui compte sur son nom, ses antécédants, son hérédité ou sa belle apparence jusqu'à ce que les gens réalisent à quel point il est vide en dedans. Alors, il tombe - il n'a ni soutien ni force intérieurs.

## Comment il s'éleva à des sommets fabuleux

Un administrateur exécutif à Los Angeles me dit que lui et son frère perdirent tout dans l'effondrement du marché de la bourse de 1929. Chacun d'eux avait valu plus d'un million de dollars. Son frère se suicida; il disait qu'il n'avait plus de raison de vivre, qu'il avait tout perdu.

Cet homme me raconta qu'il s'était dit: «J'ai perdu de l'argent; et après? Je suis en bonne santé, j'ai une charmante épouse, des aptitudes et des talents. Je réussirai de nouveau. Dieu me guidera et m'ouvrira une nouvelle porte. Je vais faire des millions.» Il retroussa ses manches et travailla comme jardinier et fit toutes sortes de travaux ici et là. Il accumula de l'argent, l'investit dans la bourse et le vit s'élever à des sommes fabuleuses. Il conseilla d'autres personnes qui firent une petite fortune.

Il était un souleveur. Il s'était élevé lui-même car il savait qu'il y avait une Puissance Divine qui lui révélerait une porte de sortie, une réponse. Il avait eu recours aux réserves spirituelles en lui et la force, le courage, la sagesse et la direction lui furent donnés.

## Les richesses de Dieu vous appartiennent

La Bible dit: *Approchez-vous de Dieu et il s'approchera de vous* (Jc 4;8). Tout ceci signifie que l'Intelligence Infinie est sensible à vous et qu'elle répond lorsque vous l'appelez. *Le Père et moi, nous sommes un* (Jn 10;30).

Ne comptez pas sur la terre, les actions, le gouvernement, la parenté ou qui que ce soit d'autre. Faites confiance à la Puissance Divine en vous pour vous soutenir et pour veiller sur vous en tout temps. Cessez de regarder à l'extérieur. Regardez à l'intérieur. Si vous cherchez l'aide à l'extérieur, vous niez les richesses de Dieu en vous et vous vous volez vous-même la puissance, la sagesse et l'intelligence.

Croyez que vous êtes un être de grandeur spirituelle et reconnaissez votre Divinité. De plus, contemplez la vérité qui dit que vous êtes ici pour libérer la splendeur emprisonnée en vous.

Soyez un souleveur en réalisant qu'il y a toujours une Puissance Infinie pour vous supporter. Cette Puissance vous élèvera, vous guérira, vous inspirera, vous ouvrira de nouvelles portes, vous donnera de nouvelles idées créatrices et vous procurera un sentiment profond de sécurité durable qui ne change pas et qui est le même hier, aujourd'hui et à jamais. Tout ce que vous avez à faire est de faire confiance à cette Présence et de croire en elle et des merveilles surviendront dans votre vie.

Le souleveur fait face à un problème de plein front et se dit: «Ce problème est divinement résolu. Le problème est ici, mais Dieu est ici aussi.» Et il gagne! Il s'attaque à tous les obstacles, aux problèmes d'affaires et aux problèmes d'ingénierie et d'espace avec foi, courage et confiance, et il arrive à vaincre la maladie, la peur et l'ignorance. L'homme n'abolira jamais les taudis matériels s'il n'abolit pas d'abord les taudis de son esprit.

Il y a un vieil adage qui dit que le poussin faible se fait picorer à mort par ceux qui sont en santé. À l'école, le garçon qui se sent faible, vaincu, rejeté et qui se laisse harceler par le dur et les autres, est aussi faible moralement. Mais lorsqu'il fait face au dur, qu'il le défie et le rencontre face à face, le soi-disant dur se retire habituellement.

## Vous pouvez vous élever au-dessus de toutes les situations

Sentez votre dignité et votre noblesse en tant que fils de Dieu et réalisez que vous êtes immunisé aux insultes, aux critiques et au dénigrement parce que vous êtes rempli de Dieu. Si vous exaltez et aimez la Présence de Dieu en vous, tous les hommes, même vos soi-disant ennemis, seront contraints à vous faire du bien.

Refusez d'accepter la souffrance et n'abandonnez jamais devant aucune situation. Vous êtes un être transcendant et vous pouvez vous élever mentalement au-dessus de toute situation et circonstance.

Lorsque Abraham Lincoln fut informé qu'un des membres de son cabinet, le ministre de la guerre, était méchant, le calomniait et le traitait de babouin ignorant, il répondit: «Il est le plus grand ministre de la guerre que ce pays ait jamais eu.» Personne ne pouvait offenser Lincoln ou blesser son ego. Lincoln savait où était sa force et il savait que personne ne pouvait l'écraser sauf avec la permission de son propre esprit. Lincoln était un souleveur, ce qui signifie qu'il ne s'élevait pas seulement lui-même mais qu'il reconnaissait la personne de Dieu en lui; il acquit ainsi la force de soulever tout le pays.

## Soyez bon envers vous-même

Vous connaissez certains soi-disant bienfaiteurs qui demandent la libération sur parole des personnes accusées de voies de fait sur les enfants, des maniaques sexuels et d'autres détraqués qui, aussitôt libérés, attaquent de nouveau, violent et même tuent. Nos journaux sont remplis de ce genre de choses. Avant de pouvoir vous élever et élever les autres, vous devez d'abord être élevé en sagesse et en compréhension. Vous ne pouvez donner que ce que vous avez. Souvent, les prêcheurs et les bienfaiteurs improvisés projettent simplement leurs manques et leurs imperfections sur les autres. Un aveugle ne peut pas conduire un autre aveugle.

Il n'y a personne d'autre à changer que vous-même. Vous devez être bon envers vous-même; votre vrai moi est Dieu. Exaltez, honorez, révérez et respectez cette Présence Divine en vous; vous aimerez et honorerez alors votre prochain. Votre prochain est ce qui est le plus proche de vous; Dieu est votre prochain et si vous aimez Dieu, vous aurez de la bonne volonté envers tous les hommes.

> Parlez-lui car il vous entend, et
> L'esprit peut rencontrer l'esprit
> Il est plus proche que le souffle et
> Plus près que les mains et les pieds.
> Tennyson: *The Higher Pantheism* (strophe 6)

Regardez votre réalité brillant dans toute sa gloire primitive dans vos profondeurs. Laissez briller votre vraie Lumière et laissez son amour circuler en vous, supprimant toutes vos faiblesses, vos manques et vos déficiences. Le souleveur a trouvé Dieu en lui-même et se sent plus fort et plus en sécurité en sa Présence.

Le souleveur sait qu'il est ici pour vaincre et conquérir car Dieu ou l'Infini ne peut faillir et, parce qu'il ne fait qu'un avec Dieu, il n'a pas peur et il n'est plus frustré ou distrait.

# VOTRE DROIT ABSOLU À LA RICHESSE

## *Obtenir une nouvelle évaluation de soi*

Le souleveur affirme: «Dieu me donna ce désir, et la Sagesse de Dieu me révélera le plan parfait pour sa réalisation.» Cette attitude vous dispense de toute frustration.

Nous sommes tous interdépendants. Vous pouvez avoir besoin d'un médecin, d'un avocat, d'un psychologue ou d'un charpentier et ils peuvent avoir besoin de vous. Nous avons besoin les uns des autres. Mais souvenons-nous de louanger Dieu dans chacun et de voir chaque homme comme il doit être: un fils de Dieu, radieux, joyeux, prospère et libre.

Soyez un souleveur. Exaltez Dieu dans chacun. Revêtez-le de majesté et d'excellence et parez et embellissez-le du soleil de son Amour. En exaltant d'abord la Divinité en vous, vous l'exalterez ensuite chez les autres. Cherchez et vous trouverez les paroles dans les arbres, les sermons dans les pierres, les chants dans les ruisseaux et Dieu dans chaque chose et dans chaque individu.

Le souleveur connaît la vérité de ce vieil adage: *Ce que tu vois, tu le deviens; Dieu si tu vois Dieu, poussière si tu vois de la poussière.*

Comme Moïse éleva le serpent dans le désert, de même le fils de l'homme doit être élevé. Le mot *fils* dans la Bible signifie l'expression et le mot *homme* signifie esprit. Tout ceci signifie que vous devez être un souleveur comme Moïse et lorsque vous êtes abattu, déprimé ou rempli de peur, élevez en vous votre idée de l'Esprit qui est Dieu. Vous avez un esprit qui fait partie de l'Esprit Infini; vous avez un esprit intérieur qui, au niveau humain, est appelé sentiment ou émotion. En d'autres mots, votre partie invisible est Dieu.

Cessez de vous traîner, de vous abaisser et de vivre dans les hauts-fonds et les remous de la vie! Cessez de vous excuser d'être en vie! Faites une nouvelle estimation, un nouveau plan de vous-même. Un serpent rampe sur son ventre et se cache dans les cavernes ou sous les roches loin de la lumière. Lorsque vous vous sentez inadéquat ou faible et que vous avez une attitude de ver de terre, vous rampez sur le sol, gouverné par l'évidence des sens et vous croyez être victime de l'héridité, de l'environnement et des conditions. Pendant l'accouplement, les deux serpents se tiennent debout enlacés; ceci est aussi le symbole du caducée des officiers médicaux de l'armée. Le serpent est donc un symbole de la Présence Curative Infinie. Je vous donne cet exemple pour vous rappeler d'exalter et d'élever la Présence Curative en vous. Le Dieu-Père-Mère est en vous sous la forme de votre esprit conscient et subconscient. Tout ce que vous affirmez et sentez être vrai, votre subconscient y répond de la même façon; vous pouvez donc vous élever au-dessus de toutes les limitations, les entraves et les obstructions.

### Comment connaître la joie de la prière exaucée

Dans le livre des Nombres il est dit: *Moïse façonna donc un serpent d'airain qu'il plaça sur l'étendard, et si un homme était mordu par quelque serpent, il regardait le serpent d'airain et restait en vie* (Nb 21;9). Aucune personne intelligente ne prend cette histoire dans son sens littéral. La Bible utilise des images externes concrètes pour symboliser les vérités intérieures psychologiques et spirituelles. Au figuré, le serpent vous mord lorsque vous êtes rempli de haine, de jalousie, d'envie, d'hostilité ou de vengeance. Plusieurs sont mordus par la convoitise et l'inimitié envers les autres pour leur succès et leur réussite dans la vie. Des millions sont mordus par la peur, l'ignorance et la superstition.

Au sens psychologique, le nom *Moïse* signifie la conscience de la Puissance de Dieu et votre capacité d'aller la chercher dans vos profondeurs. L'airain est un amalgame de deux métaux et le symbole de l'union ou de l'accord de votre conscient avec votre subconscient en ce qui concerne ce pour quoi vous priez. S'il n'y a pas de bataille ou de controverse entre votre conscient et votre subconscient, votre prière sera exaucée.

Vous êtes guéri de toutes vos infirmités lorsque vous fixez votre regard sur la Présence Curative Infinie de Dieu en vous et affirmez que ce qui est vrai de Dieu est vrai de vous et de tous les hommes. Vous libérez alors les actions spirituelles en votre faveur et vous vous défaites de cette attitude rampante, servile et humiliante de ver de terre pour vous élever à une humeur exaltante de foi et de confiance dans la joie du Seigneur, votre force.

Soyez un souleveur à partir de maintenant! L'Esprit en vous est Dieu. Il est invincible, invulnérable, éternel, tout-puissant et omniscient. Unissez-vous à cette Présence et à cette Puissance dans votre esprit, sentez la réponse et votre désert de solitude, de peur, de maladie, de pauvreté et d'infériorité se réjouira et fleurira comme la rose... *je vous ai emportés sur des ailes de vautour et amenés vers moi* (Ex 19;4). Il vous apporte des bienfaits financiers pour une vie plus fructueuse.

## RÉSUMÉ DU CHAPITRE

### *Les plus hauts aspects de la vie*

1. Pour être un souleveur, vous devez élever vos désirs au point d'acceptation; alors vient la manifestation. Considérez votre vision et contemplez sa réalité.

2. Votre caractère ou votre attitude mentale vous formera ou vous brisera.

3. Il y a deux sortes de gens sur terre: ceux qui s'élèvent et ceux qui s'inclinent.

4. Élevez l'autre en réalisant qu'il ne fait qu'un avec les richesses infinies du ciel et il prospérera au-delà de ses rêves les plus chers.

5. Votre caractère est la destinée. La vie récompense le courage, la foi, l'endurance et la persévérance. C'est en surmontant les obstacles que vous développez votre caractère.

6. Les richesses de Dieu sont vôtres parce que Dieu ou l'Intelligence Infinie est sensible à vous et répond lorsque vous l'appelez.

7. Vous pouvez vous élever au-dessus de toutes les conditions en exaltant la Présence de Dieu en vous et en vous unissant à elle.

8. Soyez bon pour vous-même parce que votre vrai Moi est Dieu. Exaltez Dieu en vous et honorez, révérez et respectez la Divinité qui est omnisciente, toute-puissante, la seule Présence et la seule Puissance.

9. Soyez un souleveur et exaltez Dieu dans chacun. Exaltez d'abord la Divinité en vous et vous l'exalterez ensuite dans les autres.

10. Tournez les yeux vers le ciel et voyez la Présence Curative Infinie en vous, et en sentant la réponse, vous connaîtrez la joie de la prière exaucée. Ceci inclut les bienfaits financiers.

# 13

# Un coeur reconnaissant
# attire les richesses

*Allons devant Lui (Yahvé) en action de grâces (Ps 95;2).*

Tout le processus des richesses mentales, spirituelles et matérielles peut être résumé en un mot, *la gratitude*. Une pensée reconnaissante pour tout bien reçu est, en soi, une prière du coeur et elle vous bénit. Un homme au coeur reconnaissant est un homme heureux et un homme riche. Shakespeare disait: «Ô Seigneur, qui me prête la vie, prête-moi un coeur rempli de gratitude.»

Henry Thoreau, un des plus sages philosophes d'Amérique, disait: «Nous devrions être reconnaissants d'être nés.» Considérez seulement un moment si vous n'étiez pas né. Vous n'auriez jamais vu un glorieux coucher de soleil ou un merveilleux lever de soleil. Vous n'auriez jamais vu les beaux yeux de votre enfant et les yeux remplis d'adoration de votre chien et son regard vers son maître. Vous n'auriez jamais vu les beautés de la nature ou le firmament étoilé, le pain quotidien de l'âme.

Vous n'auriez jamais vu les montagnes couvertes de neige, scintillant comme des diamants à la lumière du jour. Vous n'auriez jamais senti l'étreinte affectueuse de ceux qui vous aiment. Vous n'auriez jamais vu les richesses autour de vous ou été capable de sentir le doux parfum des fleurs ou du foin fraîchement coupé.

Soyez reconnaissant et rempli de gratitude pour la beauté du matin. Soyez rempli de gratitude d'avoir des yeux pour voir la Beauté de Dieu, des oreilles pour entendre la musique des sphères et le chant des oiseaux, des mains pour jouer la mélodie de Dieu et une voix vous rendant capable d'adresser des paroles de réconfort, de courage et d'amour aux autres personnes.

Soyez rempli de gratitude pour votre maison, pour les êtres qui vous sont chers, vos parents, votre travail et vos associés en affaires. Dites fréquemment: «Je bénis chaque membre de ma famille et je prie pour eux; je remercie, je loue et j'exalte Dieu dans mon mari, ma femme et mes enfants. Je bénis tout ce qu'ils font. Je bénis tous les cadeaux que je fais. Je sais que c'est plus sanctifiant de donner que de recevoir. Je bénis mon entreprise, mes compagnons de travail, mes clients et tout le monde. Mon travail croît, se développe, se multiplie, s'accroît et me revient mille fois plus grand.»

### La loi de la gratitude

Premièrement, vous acceptez complètement et de tout coeur qu'il y a une Intelligence Infinie d'où toutes les choses proviennent; deuxièmement, vous croyez que cette Source répond à la nature de votre pensée et troisièmement, vous vous reliez à cette Intelligence Infinie par un profond sentiment intérieur de gratitude.

Il y a une loi de la gratitude et vous devez vous conformer à cette loi afin d'obtenir des résultats. Cette loi, telle que donnée dans la Bible, est la suivante: *Rapproche-toi de Dieu et il se rapprochera de toi.* Cette loi est le principe naturel d'action et de réaction qui est cosmique et universel; pour élaborer et élucider encore plus, cela signifie simplement que tout ce que vous imprimez dans votre subconscient sera exprimé. L'attitude reconnaissante de votre esprit qui s'élève en louanges pour le bien que vous partagez, devient une conviction dans votre esprit profond et amène vers vous tout ce que vous réclamez.

### Comment la gratitude attire les richesses

Un chiropracteur me dit un jour à quel point il avait été pauvre dans sa jeunesse et comment il avait travaillé comme concierge dans le but de payer ses dépenses pendant qu'il allait à l'école. Lorsqu'il ouvrit son bureau, au début, une semaine entière se passa sans qu'aucun patient ne se présente; il était amer et désagréable. Pendant la deuxième semaine, sa première patiente arriva et lui dit: «Nous sommes si reconnaissants que vous ayez ouvert votre bureau ici; nous avons besoin de vous dans le voisinage. Plusieurs d'entre nous ont prié pour que vous soyez béni et heureux ici», puis elle ajouta: «J'ai pris l'habitude d'être reconnaissante pour tout. Je sais qu'un grand nombre de gens sont dans la misère et la pauvreté à cause de leur manque de gratitude.»

Ceci fut le point tournant dans la vie de ce praticien. Les paroles de cette femme pénétrèrent profondément dans son coeur et il rendit grâces pour la Puissance Curative qui circulait maintenant à travers lui vers cette femme; il la remercia aussi pour la rémunération qu'elle lui donna. Plus il fixait son esprit reconnaissant sur la Source de toute guérison et de toutes les bonnes choses qu'il possédait, plus il en recevait. Son attitude remplie de gratitude amena son esprit à une harmonie plus intime avec les forces créatrices de l'univers et les patients affluèrent chez lui. Il devint riche en sagesse, accomplit des guérisons miraculeuses et se bâtit une clientèle très riche et influente.

## La technique de la gratitude

Un père promet à sa fille un voyage autour du monde, toutes dépenses payées, comme cadeau de graduation. Elle n'a pas encore reçu l'argent, pas plus qu'elle n'est en voyage, mais elle est extrêmement reconnaissante et heureuse et elle est aussi joyeuse que si elle était déjà à bord du navire en route vers l'Europe et vers l'Orient. Elle sait que son père tiendra sa promesse et elle est reconnaissante; elle a mentalement reçu le cadeau grâce à une joyeuse anticipation et un coeur reconnaissant.

Vous êtes probablement déjà allé chez un concessionnaire d'automobiles et vous avez acheté une voiture, même s'ils n'avaient pas exactement le modèle que vous vouliez sur les lieux. Vous avez spécifié ce que vous vouliez et le vendeur vous a assuré qu'il passerait la commande et vous livrerait la voiture demandée. Vous avez remercié le vendeur et vous êtes reparti sans la voiture. Vous étiez absolument certain de recevoir la voiture, telle que commandée, dans un avenir rapproché parce que vous aviez confiance et que vous croyiez à l'intégrité et l'honnêteté de l'homme qui dirige l'entreprise.

Combien plus devriez-vous faire confiance à l'Infini et à sa loi créatrice immuable qui répond avec une fidélité absolue à notre confiance et à notre croyance en elle!

## Pourquoi rendre grâces?

*En toute condition, soyez dans l'action de grâces* (I Th 5;18).

L'homme primitif avait une conception enfantine de Dieu et Le regardait comme un être anthropomorphique qui gouvernait l'univers tyraniquement et despotiquement, et il répondait comme les serfs et les vassaux qui rampaient et courbaient l'échine devant les anciens seigneurs féodaux qui détenaient la puissance de vie et de mort sur leurs serviteurs. Donc, l'homme primitif sollicitait les faveurs de Dieu en se prosternant, en suppliant, en implorant et en courbant l'échine devant Lui.

Aujourd'hui, l'homme considère Dieu comme l'Intelligence Infinie, agissant par la loi créatrice. Cette loi est impersonnelle, elle ne fait d'exception pour personne et ne change pas; elle est la même hier, aujourd'hui et à jamais. La Présence Divine possède aussi tous les éléments de la personnalité tels l'amour, la joie, la paix, la sagesse, l'intelligence et l'harmonie et Elle devient personnelle et intime avec l'homme qui s'harmonise avec la loi et l'exploite avec justice. Lorsque l'homme découvre les merveilles, les gloires et la sensibilité de la Présence Infinie et de la Puissance, la louange, la gratitude et l'exaltation de son esprit s'élèvent en lui. La même chose se produit lorsqu'un jeune garçon découvre un quelconque secret de la chimie ou de la nature; il est ému et heureux et s'empresse de tout raconter à son père à propos de cette découverte. La tendance du garçon est d'exulter de joie et de chercher la louange pour ses découvertes. Un jour, un petit garçon de dix ans me présenta un cendrier qu'il avait fait lui-même à l'école. Il m'expliqua comment il avait travaillé les métaux et les avait soudés ensemble et vous pouviez voir la satisfaction et l'émerveillement dans ses yeux. Ceci incitera le garçon à rechercher de plus en plus de secrets au laboratoire de l'école. La louange et la gratitude n'émeuvent pas Dieu ou la Loi, mais cela amène une transformation dans notre esprit et notre coeur et devient un aimant spirituel et mental qui nous attire toute sorte de biens provenant d'innombrables sources, y compris l'argent.

Votre gratitude, votre louange et votre mesure de remerciement ne doivent pas être exprimées dans une attitude suppliante ou rampante quêtant des faveurs. Ce devrait plutôt être une aventure excitante dans les recoins de votre esprit profond où vous revoyez et devenez intensément intéressé aux lois de Dieu. Et là, vous vous réjouirez que toutes les choses dont vous avez besoin et que vous avez réclamées sont en vous en principe et qu'elles attendent que vous les receviez avec un coeur joyeux et rempli de gratitude.

Vous êtes vraiment reconnaissant et votre coeur est rempli de louanges lorsque vous appréciez et devenez conscient des principes universels de la vie et de la Providence qui vous donna toute chose depuis la création des temps. «Toutes les choses sont prêtes si l'esprit l'est aussi.» (Shakespeare)

### Le miracle du «merci»

Un homme dit: «Les factures s'empilent, je n'ai pas d'argent, je dois déclarer faillite. Qu'est-ce que je dois faire?» Je lui suggérai de s'asseoir tranquillement et d'affirmer vigoureusement pendant dix ou quinze minutes, deux ou trois fois par jour: «Merci, Père, pour tes richesses présentes» et de garder cet état de détente et de calme jusqu'à ce que le sentiment de reconnaissance domine son esprit. Il savait que la pensée-image de la richesse était la première cause relative à l'argent et aux richesses dont il avait besoin. Sa pensée-sentiment était la substance de la richesse, libre de tout conditionnement antérieur.

En répétant: «Merci, Père» encore et encore, son esprit et son coeur furent élevés au point d'acceptation, et lorsque des pensées de peur lui venaient à l'esprit, il disait immédiatement: «Merci, Père» aussi souvent que nécessaire. Il savait qu'en gardant cette attitude reconnaissante, il reconditionnerait son esprit à l'idée de la richesse et c'est exactement ce qui arriva. Lors d'une réunion sociale, il rencontra un ancien employeur qui lui offrit un poste de cadre et lui avança une somme considérable d'argent qui lui permit de payer toutes ses factures et de se libérer de ses dettes. Il me souligna qu'il n'oublierait jamais les merveilles de «Merci, Père».

### La valeur de la gratitude

La gratitude vous garde en harmonie avec l'Infini et en rapport avec la loi créatrice. La valeur de la gratitude ne consiste pas purement à vous attirer plusieurs bienfaits. Vous devez vous souvenir que sans un coeur reconnaissant, vous devenez insatisfait et mécontent de votre condition et de vos circonstances présentes.

Si vous fixez votre attention sur la pauvreté, le manque, la solitude, la saleté et la médiocrité, sur les difficultés et les problèmes du monde, votre esprit prend la forme de toutes ces choses, selon la loi qui veut que vous expérimentiez ce à quoi vous prêtez attention.

Souvenez-vous que si vous permettez à votre esprit d'héberger le manque et la limitation, vous vous entourerez de misère et de choses inférieures.

Fixez votre attention sur le plus haut et le meilleur de la vie et vous connaîtrez et serez entouré similairement des choses les plus hautes et les meilleures de la vie.

La loi créatrice de votre subconscient vous façonne à l'image et à la ressemblance de ce que vous contemplez. En fait, vous devenez ce que vous contemplez. L'homme reconnaissant attend continuellement et invariablement les bonnes choses de la vie et son attente prend inévitablement une forme matérielle.

Il est nécessaire et essentiel de prendre l'habitude d'être reconnaissant pour tous les biens que vous recevez; en d'autres mots, remerciez continuellement.

Tous les hommes contribuent à votre bien-être. Vous devriez donc inclure tous les hommes et toutes les femmes dans votre prière de gratitude. Ceci vous mènera à une communication subconsciente avec le bien dans tous les hommes et dans toutes les choses, et les richesses de la vie, la terre et tous les hommes graviteront automatiquement vers vous.

### Appréciez-vous votre bien?

Il y a quelques années, j'ai lu un article dans un journal local au sujet d'un homme qui avait été aveugle depuis l'âge de deux ans. On avait dû lui enlever un oeil mais plus tard, les médecins opérèrent l'autre oeil et la première chose qu'il vit fut le visage de sa femme. Pour lui, elle était extrêmement belle et il ne pouvait s'imaginer rien de plus merveilleux. Il avait vécu avec elle près de quarante ans et il n'avait jamais vu son visage. Appréciez-vous votre femme, votre mari, votre famille, votre patron? Êtes-vous reconnaissant pour vos yeux, votre corps et votre confiance dans la foi en Dieu et dans toutes les bonnes choses?

### Les richesses du pardon

À Noël l'année dernière, je causais avec un homme qui me dit qu'il n'avait pas écrit ou communiqué avec ses parents depuis vingt ans; il avait eu un malentendu, avait senti qu'ils donnaient plus d'argent et de propriété à son frère qu'à lui et était demeuré fâché et plein de rancune. Ses deux assistants à l'atelier disaient: «Tu sais, tous les travailleurs ici vont chez eux pour visiter leurs parents le jour de Noël; ce doit être merveilleux d'avoir des parents, nous aimerions beaucoup avoir cette chance à Noël. Nous sommes orphelins; nous n'avons jamais connu nos parents. Ce doit être merveilleux d'avoir des parents.» Cet homme fut profondément touché et instantanément, sa haine et son hostilité envers ses parents fondirent et il alla chez lui pour Noël avec des cadeaux pour son père et sa mère; il y eut une joyeuse réconciliation. Comme cadeau, ses parents lui donnèrent des actions de très grande valeur excédant de beaucoup la valeur du montant dont il s'était cru privé par rapport à ce que son frère avait reçu.

Pardonner, c'est donner: donner l'amour, la paix et tous les bienfaits de la vie à l'autre; et en donnant, vous recevez. Il est écrit: *Il est plus gratifiant de donner que de recevoir.*

### La gratitude attire cinquante millions de dollars

Voici une merveilleuse histoire de la puissance d'un coeur reconnaissant. Le jeune homme s'appelait Lucien Hamilton Tyng. Il était né à Peoria, en Illinois, endroit qui offrait très peu d'occasions pour les ambitions de ce jeune homme qui nourrissait de grands rêves et pensait grand et loin. Lucien décida d'aller à Chicago et de tenter sa chance. Il obtint un travail comme commis avec un salaire à peine suffisant pour vivre; après avoir payé sa chambre, il lui restait exactement cinquante cents par jour pour ses repas. Il trouva qu'un sac de cinq cents de chocolats à la crème faisait un dîner très nourrissant. Son déjeuner lui coûtant quinze cents, son souper ne pouvait pas alors dépasser trente-cinq cents. Il était très religieux; il prit l'habitude de tenir sa pièce de cinquante cents dans sa main et de dire: «Dieu multiplie mon bien et je Le remercie. Je reçois de plus en plus d'argent chaque jour.» Il répétait ceci pendant en-

viron dix minutes chaque matin avant de dépenser les cinquante cents. Il commença à attirer plusieurs hommes brillants
et couronnés de succès et les occasions commencèrent à se
présenter sur son chemin, occasions dont il s'empressa de profiter. Les paroles de reconnaissance: «Merci, Père» étaient constamment sur ses lèvres. À mesure que les années passaient,
plusieurs hommes influents commencèrent à lui demander son
opinion et furent guidés favorablement. Il semblait être
miraculeusement doué; sa clairvoyance mentale s'accrut
graduellement. Sa perspicacité en affaires était admirée par
d'autres hommes et on lui faisait profondément confiance. Il
résolvait leurs problèmes d'affaires. Sa prière constante était
«Merci, Père» avant et après chaque réussite.

Un jour, il eut une merveilleuse idée. Il en fit part à un bon
ami qui dit qu'elle avait d'énormes possibilités. Ils s'associèrent
et formèrent une entreprise alors appelée la *General Gas and
Electric Company*. Elle s'accrut graduellement, ouvrant des
postes un peu partout dans les États de l'Est et après plusieurs
années, ils la vendirent pour une somme de cinquante millions
de dollars.

Un poète a dit: «Seigneur, donnez-moi encore une chose:
un coeur reconnaissant.»

## RÉSUMÉ DU CHAPITRE

### *Les étapes vers la richesse*

1. Le processus complet des richesses mentales, spirituelles et
   matérielles peut se résumer en un mot, *la gratitude*.

2. Il y a une loi de la gratitude et vous devez vous y conformer
   pour avoir des résultats. Cela signifie que tout ce que vous
   imprimez dans votre subconscient sera exprimé de la

même façon. Réjouissez-vous et soyez reconnaissant pour la fortune et toutes les richesses et en vous sentant riche, vous en imprégnerez votre esprit profond et les richesses seront vôtres.

3. Soyez reconnaissant pour ce que vous possédez maintenant et pour vos nombreux bienfaits. Comptez ceux-ci un par un et Dieu multipliera votre bien excessivement.

4. Offrez une louange constante et soyez reconnaissant de connaître les lois créatrices qui apportent toutes sortes de richesses dans votre vie. Vous êtes reconnaissant pour l'auto promise par votre père même si vous ne l'avez pas encore reçue. Votre Père du Ciel vous donnera beaucoup plus. Tout ce dont Il a besoin est votre confiance et votre foi totales en Lui.

5. Considérez Dieu comme l'Esprit et l'Intelligence Infinie agissant par la loi créatrice qui répond à tous sans acception de personne. Lorsque vous découvrez les richesses et les gloires en vous, vous ne pouvez rien faire d'autre que d'exulter la louange et le contentement en découvrant que toutes les choses que vous cherchez existent en principe et attendent que vous les receviez avec un coeur joyeux et reconnaissant.

6. Assoyez-vous pendant quinze minutes chaque jour, calmez votre esprit et affirmez: «Merci, Père pour tes richesses maintenant» et des merveilles, incluant celles de l'argent, arriveront dans votre vie.

7. La gratitude vous garde en harmonie avec l'Infini et en contact avec les forces créatrices de l'univers; vous devenez un aimant mental et spirituel attirant d'innombrables bienfaits.

8. Montrez votre profonde appréciation pour ceux qui vous entourent, les membres de votre famille et vos compagnons de travail. Les gens ont soif d'appréciation. Donnez-la librement et avec amour.

9. Le pardon crée un vide dans votre esprit, laissant la possibilité à la Présence Curative Infinie de circuler en vous. Bien des gens ne s'enrichissent pas à cause de leurs critiques, de leur ressentiment et de leur hostilité envers les autres. Cette attitude coupe les liens qui vous rattachent à la Source de toute richesse et de toute santé. Bénissez les autres jusqu'à ce qu'il n'y ait plus de tourment dans votre coeur.

10. Si vous n'avez qu'un dollar dans votre poche, bénissez-le en disant: «Dieu multiplie cet argent excessivement dans mon existence et je suis reconnaissant pour l'accroissement constant, le courant incessant des richesses de Dieu dans la vie.» Vous attirerez des richesses fantastiques.

11. *Je suis très reconnaissant, Père, que tu m'aies entendu et je sais que tu m'entendras toujours.*

# 14

# Des miracles de richesses par la puissance de vos paroles

Avez-vous déjà songé à la merveilleuse puissance des paroles? Penser, c'est parler. Votre pensée est votre parole. La Bible dit, dans le Livre des Proverbes (25;11): *Une pomme d'or sur des ciselures d'argent, telle est une parole dite à propos.* On nous enseigne aussi ceci: *Les aimables propos sont un rayon de miel: doux au palais, salutaires au corps* (Pr 16;24).

Vos paroles sont-elles douces à l'oreille? Si vous dites: «Je ne peux pas avancer. C'est impossible. Je suis trop vieux maintenant. Quelle chance ai-je d'être riche? Marie peut, mais je ne peux pas. Je n'ai pas d'argent; je ne peux pas me permettre ceci ou cela. J'ai essayé; c'est inutile», vous pouvez voir que vos paroles ne sont pas comme un rayon de miel; elles ne sont pas constructives. Elles ne vous élèvent pas ni ne vous inspirent. De plus, ce que vous décrétez en paroles se réalisera véritablement.

Les paroles que vous prononcez doivent être salutaires au *corps*, ce qui veut dire que votre façon de parler doit vous exalter, vous émouvoir et vous rendre heureux. Le *corps* est un symbole de soutien et de symétrie. Votre façon de parler doit vous soutenir et vous renforcir. Décrétez maintenant et de façon significative: «Dorénavant, les paroles que j'utiliserai guériront, béniront, feront prospérer, inspireront et renforciront tous les gens aussi bien que moi.»

Puisque vos paroles sont réellement aussi puissantes, il est important de dire la bonne chose au bon moment et de vous assurer en plus que vos paroles, en toute occasion, soient «douces à l'oreille et salutaires au corps».

Le docteur Phineas Parkhurst Quimby, du Maine, remarqua, il y a plus de cent ans, que l'homme primitif désirait communiquer ses espoirs, ses aspirations, ses envies, ses goûts, ses aversions et ses peurs. Il avait un désir intense de communiquer ses pensées et ses sentiments à son prochain. Ceci fut d'abord rendu évident par les grognements et les gémissements et résulta finalement en la formation de mots-racines. À partir de ceux-ci, il enrichit son vocabulaire de façon à ce qu'il corresponde à son développement mental et spirituel.

Suite à cette capacité d'articuler ses pensées et ses sentiments vinrent finalement la presse à imprimer, les caractères imprimés, la machine à écrire et nombre d'autres inventions modernes pour propager la connaissance sous forme de mots partout dans le monde. Marconi décida d'envoyer sa parole autour du monde; ses parents pensèrent qu'il était psychotique et le firent interner quelque temps dans un asile d'aliénés. Néanmoins, son idée amena une nouvelle dimension à la communication et aujourd'hui, nous faisons s'écrouler les barrières du temps et de l'espace grâce à son idée. Vous pouvez prendre un téléphone aujourd'hui et parler à quelqu'un aux confins de la terre!

Commencez à réaliser les merveilles de la parole et comment vous pouvez bénir, exalter, faire prospérer et inspirer tous ceux avec qui vous communiquez.

### Utiliser les mots avec autorité

La puissance de la parole est plus grande que les armes thermonucléaires ou les bombes atomiques pour la simple raison que les paroles décrètent si ces armes doivent être utilisées ou demeurer latentes. Les paroles peuvent être utilisées pour commander la puissance atomique pour piloter un navire traversant un océan ou pour détruire une ville ou une nation.

Salomon disait: ... *la langue du sage guérit* (Pr 12;18). Et encore: *Mort et vie sont au pouvoir de la langue...* (Pr 18;21). Voilà la clé pour utiliser la parole avec autorité.

Je récitai ces paroles à un homme qui était à l'hôpital, souffrant de troubles cardiaques; il commença à se répéter pendant la majeure partie de la journée: «Je suis en santé; Dieu est ma santé.» À l'étonnement de son cardiologue, il eut un remarquable rétablissement. Un autre cardiogramme fut pris, révélant un coeur normal. Il utilisa les mots avec autorité et ceux-ci se frayèrent un chemin jusqu'à son subconscient qui répondit en conséquence

Il me dit: «La santé est la richesse. Maintenant, je peux retourner à ma famille et à mon entreprise qui ont besoin de moi et compléter l'éducation de mes enfants.»

## Ses paroles lui apportèrent les richesses

J'eus un jour une entrevue avec un homme d'affaires qui me dit que la clé de sa prospérité et de son succès dans le monde des affaires était sa réalisation constante de la vérité derrière ces mots: ...*Les paroles que je vous ai dites sont esprit et vie* (Jean 6;63).

Il dit: «Mes richesses et mes bienfaits sont venus de ces paroles et de la manière dont je les ai dites. J'ai déversé mon plus profond sentiment (esprit) dans ces paroles. Je savais que mon sentiment était l'évidence réelle de l'esprit derrière elles et qui seul leur donnait la substance créatrice.»

Cet homme a accompli de grandes choses dans le monde des affaires et s'est prouvé à lui-même que les richesses résultent des bonnes paroles dites de la bonne manière.

### Comment l'autorité des paroles peut bénir

Un agent d'immeubles me révéla le secret de son aptitude à prendre le contrôle et à émettre des ordres à son subconscient. Ses ordres sont: «Mes paroles guérissent, ravivent, vitalisent, font prospérer, satisfont et rendent riches tous ceux que je contacte ou avec qui je traite.» Son attitude est que plus il transmet de vie, d'amour, de bonne volonté et de richesses aux autres, plus il en possède. Les chutes Niagara sont puissantes parce qu'elles se déversent librement.

Cet agent est immensément populaire et rempli de succès. Il croit que vous recevez ce que vous décrétez comme le promet la Bible: *Toutes tes entreprises réussiront et sur ta route brillera la lumière* (Jb 22;28).

### Comment le verbe vivant s'est fait chair

Je tentai un jour d'aider un homme qui avait subi des revers financiers. Je remarquai qu'il disait constamment: «Si seulement je pouvais mettre les mains sur de l'argent, tout irait bien.» Je lui expliquai qu'il devait rendre compte de chaque mot inutile qu'il disait et que son subconscient n'entendait pas la plaisanterie mais acceptait à la lettre ce qu'il décrétait. Ses mains tremblaient constamment et les paroles qu'il utilisait indiquaient le doute et l'anxiété et le gardaient financièrement dans un cercle vicieux.

Il commença à utiliser la puissance transformatrice de la parole vivante pour qu'elle se fasse chair, pour qu'elle se manifeste. Il déclara alors fréquemment: «Je décrète la richesse et le succès et je sais que ces mots s'enfoncent dans mon subconscient parce que je les prononce significativement et sincèrement. Je suis financièrement en sécurité, j'ai dans les mains tout l'argent dont j'ai besoin et j'en suis reconnaissant.»

La situation changea bientôt, autant dans ses mains que financièrement! *Et le Verbe s'est fait chair et il est demeuré parmi nous* (Jn 1;14).

## Le verbe vivant fait des merveilles

Le concept qui est fidèlement gardé dans votre esprit et dans votre coeur se fait chair, selon la qualité et la nature de vos paroles. Les paroles sont des équivalents mentaux qui reproduisent leur image et leur ressemblance non seulement dans notre corps mais dans notre environnement, nos relations et nos affaires.

Le docteur Olive Gaze, une de mes associés, utilise constamment la parole pour enrichir les autres. Elle affirme verbalement (affirmer signifie fixer dans votre esprit, rendre ferme et réel) tout bien que la personne désire. Lorsque quelqu'un recherche l'approvisionnement ou encore plus d'argent, elle affirme fréquemment pour lui pendant la journée: «Dieu est riche. Marie est l'enfant de Dieu et elle est maintenant riche. Et il en est ainsi.» Cette méthode simple apporte des résultats de richesse à tous ceux qui ont recours à elle. Ces paroles ont accompli des merveilles dans la vie de plusieurs personnes.

## Comment les paroles commandent
## la puissance miraculeuse

Au tombeau de Lazare, Jésus commanda la puissance miraculeuse et décréta à haute voix: *Lazare, viens ici* (Jn

11;43), et l'homme ressuscité sortit pour accueillir sa soeur et son ami, Jésus, qui avait parlé avec autorité. *Il enseignait en homme qui a autorité* (Mt 7;29).

Devenez extasié et fasciné devant la puissance de vos paroles! N'utilisez jamais les paroles de manque, de limitation, de discorde ou de temps durs; commencez à vous construire un nouveau corps et un nouvel environnement, en plus des richesses mentales et matérielles, en changeant vos paroles de commandement. Affirmez vigoureusement: «Richesse, viens ici! Santé, viens ici! Succès, viens ici!» et vous connaîtrez la joie d'une prière exaucée.

### Comment les paroles attirèrent des clients

Les gens qui assistaient à mes cours sur la prospérité trouvèrent que la puissance des paroles produisait des résultats fabuleux pour eux. Je suggérai qu'ils choisissent certaines paroles qui les attiraient et qu'ils les décrètent verbalement encore et encore pendant environ dix minutes, deux fois par jour. Plusieurs me dirent qu'ils travaillaient dans un bureau et ne pouvaient pas toujours affirmer à haute voix; ils écrivaient alors ce qu'ils désiraient amener à se réaliser et repassaient mentalement leurs affirmations de temps à autre afin de transmettre graduellement les idées à leur subconscient.

Un des hommes, vendeur d'assurance, affirma vigoureusement: «J'attire seulement les hommes et les femmes qui sont intéressés et qui ont de l'argent à investir pour l'éducation de leurs enfants et pour leur propre bien-être.» Son utilisation persévérante de ces paroles affirmatives lui attira plus de gens intéressés que jamais auparavant. La direction lui vient maintenant apparemment de nulle part et il a fait d'énormes enjambées dans l'échelle de la vie et dans toutes ses diverses phases.

Souvenez-vous: la puissance de la parole est l'un des plus grands dons que Dieu ait accordés à l'homme. Les animaux ne peuvent ni parler ni rire. Vous devez réaliser que vous pouvez utiliser vos paroles pour bénir ou maudire, pour guérir ou rendre malade, pour produire la richesse ou la pauvreté, pour votre avancement ou à votre détriment. Cessez d'utiliser la puissance de vos paroles contre vous. Bénissez toujours et vous cueillerez alors les roses de la vie au lieu des épines.

### Ses paroles réglèrent une réclamation d'héritage

Une femme de San Francisco, une amie de longue date, me téléphona il y a quelque temps pour me dire que son père ne l'avait pas incluse dans son testament, qui était en validation, mais que la succession était divisée également entre les cinq autres membres de sa famille, en l'occurence, ses frères et soeurs. Elle consulta un avocat selon ma suggestion et elle affirma ces paroles pendant quinze minutes, trois ou quatre fois par jour: «Il y a un ajustement harmonieux divin pour la succession, et ce qui est mien par le droit divin me revient. Je bénis mes soeurs et mes frères, ils me bénissent et il y a une fin heureuse.»

Environ une semaine plus tard, son avocat l'appela et lui dit que ses frères et ses soeurs ne voulaient pas qu'elle conteste le testament et qu'ils sentaient que leur père avait été injuste envers elle parce qu'elle avait épousé une personne de croyance différente. Ils sentaient que ce n'était pas des affaires du père qui elle avait épousé et ils avaient accepté de lui donner une part égale de la succession. Il y eut un ajustement légal harmonieux qui résulta en un partage financier égal pour chacun.

## *Vos paroles curatives*

«La parole est la plus puissante médecine utilisée par l'humanité.» (Rudyard Kipling) La Bible dit: *Il envoya sa parole, il les guérit...* (Ps 107;20).

Chacun de nous peut utiliser les paroles curatives pour lui et aussi pour les autres. La raison pour laquelle nous pouvons ne pas obtenir de résultats immédiats est la nature de notre foi ou de notre croyance. Voici comment utiliser les paroles curatives pour un autre; ce pourrait être pour un être aimé ou pour un ami.

Sentez la Présence de Dieu, qui est la présence de l'harmonie, de la santé et de la paix, circulant à travers votre ami et autour de lui; sentez qu'il est divinement protégé. Même si l'autre personne n'en sait rien, vous acceptez personnellement que la guérison se produise maintenant et vous y croyez sincèrement. Vous pouvez faire ceci plusieurs fois par jour si vous le désirez. Votre foi s'accroît. La guérison peut venir lentement ou elle peut venir rapidement, selon votre croyance. C'est cela *envoyer votre parole*, qui est votre pensée et votre sentiment, à l'autre personne.

Le prophète Isaïe disait: *Le Seigneur Yahvé m'a donné une langue de disciple pour que je sache répondre à l'épuisé...* (Is 50;4). Une parole d'exaltation, de louange, d'amour: qui peut en mesurer la puissance?

Un garçon lent ne pouvait pas apprendre; ses professeurs disaient qu'il était un cas désespéré. Sa mère, cependant, était riche et puissante en amour et en foi et elle affirmait fréquemment pendant la journée: «Dieu aime mon fils et Il prend soin de lui. L'Intelligence de Dieu jaillit en lui; la Sagesse de Dieu travaille à travers lui; il est l'expression parfaite de Dieu.»

Ce garçon est maintenant normal et il se débrouille très bien à l'école. Voilà les richesses spirituelles de vos paroles, lorsqu'elles sont remplies d'amour et de compréhension. Les paroles de cette mère ont eu la puissance d'harmoniser et de guérir.

## Ses paroles les amenèrent à payer

Le gérant de crédit d'une firme d'ingénierie avait plusieurs comptes en retard totalisant près de $30 000. Il fit une liste de ces comptes et chaque matin avant de commencer à travailler, il mentionna chaque nom en prononçant les paroles qui suivent: «Jean Untel est prospère et béni et son bien est multiplié. Il paye toutes ses dettes promptement et il est honnête, sincère et juste. Je suis reconnaissant maintenant pour son chèque. Il est béni, nous sommes bénis. Je rends grâces qu'il en soit ainsi.»

Cette affirmation, ou ce commandement, de son esprit profond rejoignit chacun de ses clients qui avait été très négligent et tous payèrent à l'intérieur d'un mois. Ses paroles de foi et de confiance furent acceptées par son subconscient et reçues télépathiquement par ces hommes qui avaient des arrérages et qui avaient refusé antérieurement de répondre à ses fréquentes requêtes de paiement.

## Ses paroles ouvrirent une nouvelle porte

Une femme de soixante ans se plaignait qu'elle ne pouvait pas se trouver de travail et que toutes les portes lui étaient fermées à cause de son âge. Elle affirma ce qui suit: «Je suis une enfant de Dieu. Je suis employée lucrativement par mon Père qui est Dieu, et mon Père me paie généreusement et m'ouvre une nouvelle porte.»

Elle gagna une force et une confiance nouvelles qui se traduisirent immédiatement dans son allure; elle visita plusieurs agences et fit des demandes d'emploi. En très peu de temps, elle trouva un merveilleux poste avec un employeur qui fut enchanté de l'avoir à son service à cause de sa stabilité, de sa loyauté et de sa sagesse accumulées au fil des années.

## Vos paroles peuvent résoudre vos problèmes

Une jeune secrétaire travaillait pour un individu exigeant et quelque peu sadique dans son langage. Elle affirma en elle-même: «Il n'y a pas de tel homme dans l'univers. Dieu pense, parle et agit par mon employeur. Dieu est en lui et parle et agit à travers lui.»

Peu de temps après, l'employeur remit l'entreprise à son fils qui, en peu de temps, tomba amoureux de la secrétaire. L'auteur est heureux de dire qu'il eut le plaisir de célébrer leur mariage. Cette jeune femme avait pris le commandement de ses paroles et elle trouva une réponse divine.

Lorsque vous parlez du point de vue de l'Infini, vos paroles sont vraies; elles ont de la puissance et elles se réalisent. *Au commencement était le Verbe et le Verbe était avec Dieu et le Verbe était Dieu* (Jn 1;1).

## RÉSUMÉ DU CHAPITRE

### Mettez ces vérités en pratique

1. Votre pensée est votre parole. Les paroles représentent l'armoirie de votre esprit. Les pensées sont des choses et vos paroles se réalisent.

2. Vos paroles sont beaucoup plus puissantes que l'énergie atomique ou nucléaire. Les paroles peuvent servir pour utiliser la puissance atomique dans les arts de la guérison ou pour conduire un navire de l'autre côté d'un océan, ou elles peuvent amener ces mêmes énergies à être utilisées destructivement.

3. Laissez vos paroles se remplir d'esprit (sentiment) et déversez-leur de la vie et de la signification et vous connaîtrez le résultat dans les formes, les fonctions, les expériences et les événements.

4. Vous pouvez émettre des paroles de commandement, telles: «Mes paroles guérissent, ravivent, vitalisent, font prospérer, satisfont et enrichissent tous ceux avec qui je traite.» Ces paroles rendront votre entreprise florissante et prospère. Vos paroles sont le corps de votre pensée.

5. *Toutes tes entreprises réussiront* (Jb 22;28). En d'autres mots, votre parole *se fait chair*, ou prend forme dans votre monde.

6. Vos paroles sont l'équivalent mental qui produit leur image et leur ressemblance dans votre existence.

7. Apprenez à parler comme quelqu'un qui a de l'autorité. Croyez implicitement que votre subconscient répond à votre parole, qui est votre conviction.

8. Utilisez les paroles qui vous conviennent, qui vous fascinent et vous enthousiasment et répétez-les fréquemment. Meubler fréquemment l'esprit avec ces pensées produit des miracles dans votre vie.

9. Laissez vos paroles couler du point de vue de Dieu et de la Vérité et vous trouverez un ajustement harmonieux en matière légale ou en d'autres matières problématiques.

10. Rudyard Kipling disait: «La parole est la plus puissante médecine utilisée par l'humanité.» Votre pensée et votre sentiment sont votre *parole,* qui peut vous guérir et aussi en guérir d'autres. Pensez à la Présence de Dieu et devenez sincèrement intéressé. Vous vous élèverez en conscience et selon votre élévation en conscience, une guérison suivra. Vous pouvez dégourdir un enfant lent de cette façon.

11. Vos paroles peuvent amener les clients qui n'ont pas payé leurs comptes à les payer complètement. Bénissez-les et ils le sentiront subconsciemment et agiront en conséquence.

12. Si vous cherchez un emploi, utilisez ces paroles avec sentiment et connaissance: «Je suis un enfant de Dieu et Dieu est mon employeur. Je suis toujours employé lucrativement et je suis reconnaissant pour mon expression parfaite dans la vie et pour mon salaire merveilleux.»

13. Si une autre personne parle grossièrement ou sadiquement, affirmez vigoureusement que Dieu habite en elle et qu'il n'y a pas une telle personne dans l'univers; sachez que Dieu est Tout et que Dieu pense, parle et agit à travers elle. Sentez la vérité de ceci et vous connaîtrez la joie de la prière exaucée.

# 15

# Les merveilleuses richesses du silence

Le silence est le repos de l'esprit en Dieu et comme le sommeil nourrit et rafraîchit le corps, de même la communion avec Dieu nourrit, soutient et revitalise l'homme. Emerson disait: «Gardons le silence afin de pouvoir entendre les chuchotements des dieux.»

Le silence consiste en un retrait de votre attention et de votre sensibilité consciente du monde extérieur et ensuite en une concentration de votre attention sur votre idéal, votre but ou votre objectif, tout en sachant que l'Intelligence Infinie de votre subconscient répondra inévitablement et révélera la réponse.

### Un génie dans chaque homme

Vous êtes venu au monde avec toutes les puissances et les qualités de Dieu et la puissance de penser comme un individu. Vous pensez, donc vous avez la puissance de créer et de projeter vos acceptations mentales et vos croyances dans le monde qui vous entoure. Vous êtes riche lorsque vous êtes conscient de votre force créatrice. Vos richesses et même votre sécurité reposent dans votre puissance de créer.

En visitant un studio de cinématographie, je demandai à un scénariste: «Comment faites-vous le travail? Que faites-vous lorsque vous écrivez une pièce?» Il répondit quelque chose comme ceci: «Je calme mon esprit, je me détends, me laisse aller. Je connais seulement l'idée du scénario. Je réfléchis à cette idée et je m'en réjouis; ensuite dans le silence du soir avant de m'endormir, je me fixe sur le livre, sachant que le thème, les personnages et les idées me seront donnés. Le matin lorsque je me réveille, j'ai le scénario complet; je m'assois et je l'écris.»

D'où la pièce tire-t-elle son origine si ce n'est de l'esprit du scénariste? Les idées qu'il entretenait et méditait dans le silence de la nuit étaient imprimées sur son subconscient qui répondait automatiquement avec toutes les idées créatrices nécessaires pour le livre.

Vous vivez dans votre esprit et c'est là que vous devenez riche ou pauvre, mendiant ou voleur. Vous possédez la perle de grand prix lorsque vous connaissez la puissance de vos propres pensées pour créer ce que vous voulez dans la vie. Les richesses et les puissances en vous ne peuvent jamais être épuisées. Les richesses de votre esprit ne connaissent aucune limitation sauf celle que vous vous imposez.

### Comment il tira la richesse du silence

Robert Louis Stevenson pratiqua le silence régulièrement et systématiquement. Il avait l'habitude persistante de donner des instructions spécifiques à son subconscient dans le silence de la nuit avant de dormir. En retirant son attention du monde des sens autour de lui et en se tournant vers l'intérieur, vers la sagesse et la puissance de son subconscient, il demandait à son esprit profond d'élaborer des histoires pour lui pendant qu'il dormait. Par exemple, si les finances de Stevenson étaient en déclin, il transmettait cet ordre à son subconscient: «Donne-moi un bon roman excitant qui sera vendable et rentable.» Son subconscient répondait magnifiquement.

Stevenson disait: «Ces petits lutins (l'intelligence et les puissances de son subconscient) peuvent me raconter une histoire, une bribe à la fois, comme un téléroman, et me garder moi, son supposé créateur, dans l'ignorance totale de la destination où ils m'emmènent.» Et il ajouta: «Cette partie de mon travail qui se fait quand je suis éveillé n'est pas nécessairement mienne puisque tout concourt à me démontrer que les lutins ont la main haute sur son existence.»

### Sa période silencieuse le rendit célèbre

Kahlil Gibran, qui écrivit *The Prophet* (le prophète), ne délibéra pas seulement dans le silence de la nuit, en communiant avec la personne de Dieu en lui irradiant l'amour, la paix, la joie et la bonne volonté à tous, mais contempla quotidiennement la splendeur, la lumière, l'amour, la vérité et la beauté en lui, et il légua à l'humanité la richesse de ses méditations silencieuses avec Dieu. Gibran se tourna fréquemment vers l'Unique, le Très Beau et le Bon et écrivit: «Un chercheur du *Silence* je suis et quels trésors ai-je trouvé dans le *Silence* que je puisse dispenser en toute confiance.»

Il tira la sagesse, la vérité et la beauté de la fontaine éternelle des eaux vivantes en lui. Dans le silence de la nuit et en accord avec l'Infini, il fut inspiré du Très-Haut et écrivit ce joyau majestueux de sagesse qui le rendit célèbre et aussi très riche.

### Une expérience excitante dans le silence

Mon tailleur me raconta une expérience d'affaires excitante effectuée par sa fille. Elle allait parader dans un défilé de modes à New York et elle souligna à son père: «J'ai vu un superbe manteau d'hermine dans le défilé, aujourd'hui; il vaut huit mille dollars. Je sais que nous ne pouvons nous le permettre, mais je vais tenter une expérience dans mon esprit. Oh, comme je le veux!»

Son père lui dit de s'imaginer qu'elle portait le manteau, de sentir sa magnifique fourrure et de goûter la sensation de ce manteau sur elle. Elle se pratiqua mentalement à porter le manteau imaginaire. Elle le flattait et le caressait comme une enfant caresse sa poupée. Elle continua à faire ceci et finalement, elle sentit la joie de tout cela. Dans le silence, chaque soir, elle allait dormir, *portant* le manteau imaginaire et se sentant heureuse de le posséder. Un mois passa et rien n'arriva. Elle était prête à abandonner mais se rappela que c'est l'état d'âme soutenu qui démontre que *Celui qui aura tenu bon jusqu'au bout, celui-là sera sauvé* (Mt 10;22).

L'issue à son film mental fut que, finalement, un dimanche matin après ma conférence, un homme lui marcha accidentellement sur le pied, se perdit en excuses, lui demanda où elle habitait et offrit de la reconduire chez elle. Elle accepta avec plaisir. Après une courte période de fréquentations, il la demanda en mariage, lui offrit une magnifique bague à diamant et lui dit: «J'ai vu le plus magnifique manteau qui t'irait merveilleusement bien.» C'était le manteau qu'elle avait admiré le mois précédent. (Le vendeur dit que plusieurs femmes riches avaient regardé le manteau et l'avaient admiré immensément mais pour une raison ou une autre, elles en choisissaient toujours un autre.)

### Comment une mère remonta son moral

Une femme se plaignit à moi que ses enfants la rendaient folle. Je lui suggérai qu'à chaque matin, elle se réserve environ quinze minutes pour lire les psaumes 91 et 23 à voix haute, puis qu'elle ferme les yeux et se détache de son environnement. Elle devait penser à l'amour infini de Dieu, à la sagesse illimitée, à la puissance suprême et à l'harmonie absolue et sentir l'atmosphère d'amour, de paix, de joie et de bonheur entourant et enveloppant ses enfants, en affirmant en même temps que son amour et sa paix remplissaient son esprit et son coeur et que les enfants grandissaient en paix, en beauté, en sagesse et en compréhension.

Elle rechargea ses piles mentales et spirituelles par la puissance et la sagesse de Dieu et sa vie entière fut transformée. Son amour pour ses enfants s'accrut graduellement. Ceci fait partie des richesses de paix qu'elle trouva dans le silence.

### Comment un pilote pratique le silence

Alors qu'une violente tempête accompagnée de tonnerre et d'éclairs entouraient l'avion dans lequel je voyageais vers l'Orient, le pilote me dit que chaque fois qu'il rencontre une tempête, il récite le psaume 23 en ajoutant: «L'amour de Dieu entoure cet avion et je le fais atterrir selon l'Ordre Divin.» Je remarquai qu'au début, alors que les passagers étaient pris de panique, un grand calme les couvrit soudain. Notre pilote fit un atterrissage parfait à Hong Kong et personne ne fut blessé. Il avait refusé de paniquer, libérant par le fait même les courants curatifs d'amour et de protection pour tous.

### Il résolut son problème dans le silence

Un homme se plaignit amèrement à moi qu'il ne pouvait pas obtenir de travail parce qu'il n'avait pas de carte syndicale. Et de plus, il n'avait pas l'argent nécessaire pour devenir membre d'un syndicat. Il voulait envoyer son fils à l'université et acheter une nouvelle maison mais il disait: «Toutes mes démarches sont contrecarrées.»

Je lui dis qu'il devait écouter la vraie voix en lui. Il avait regardé l'aspect négatif des choses, mais la foi vient en écoutant les Vérités éternelles de Dieu. Le soir il devenait calme, il immobilisait son attention et il affirmait: «L'Intelligence Infinie ouvre une porte d'expression pour moi et je suis heureux et divinement prospère. Dieu ouvre le sentier pour que mon fils puisse aller à l'université et la richesse de Dieu coule vers moi en avalanches.»

Quelques jours passèrent et il rencontra un ancien employeur qui l'engagea immédiatement à un salaire très élevé et qui lui donna son chalet près de l'entreprise pour lui et sa femme. Avec ce salaire plus élevé, il fut capable d'envoyer son fils à l'université. La réponse vint des profondeurs de son être alors qu'il contemplait tranquillement l'amour et la bienfaisance de Dieu dans le silence du soir.

### Comment obtenir des résultats excitants

Fermez la porte de vos sens et vous ne serez plus distrait alors par les perceptions des sens du monde et vous pourrez silencieusement demeurer dans la présence de Dieu en vous. Vous devriez aller en sa Présence dans une attitude de joie, de réceptivité et d'attente, sachant que l'Intelligence Infinie répondra à votre appel. Lorsque vous allez à l'étang ou à la fontaine pour puiser de l'eau, vous prenez un seau ou toute autre forme de récipient qui pourra contenir l'eau. De même, lorsque vous vous harmonisez avec l'Infini, votre esprit réceptif (le récipient) sera rempli de la Présence curative infinie et de tous les dons de Dieu.

Vous pouvez commencer maintenant à pénétrer le silence périodiquement en réorganisant simplement votre esprit, en retirant votre attention de la diversité de l'évidence des sens et communier avec la Présence de Dieu qui remplit votre âme de son Amour.

## Comment mener une vie enchantée

Un jeune médecin me dit que pendant qu'il étudiait la pathologie des maladies, il contracta plusieurs des troubles qu'il avait étudiés. Il réalisa qu'il était constamment empêtré dans les images morbides et que son esprit créait ce qu'il craignait.

En réalisant la cause de ses maux cependant, il renversa la situation en considérant que toutes les maladies étaient dues aux modèles mentaux déformés des patients. Il commença à considérer le modèle parfait de l'harmonie, de la santé et de la paix. En observant l'état négatif, il contemplait l'intégrité, la beauté et la perfection. Il commença à voir la présence de Dieu dans tous les patients et de ce fait, il s'immunisa contre toutes les maladies.

Il mène maintenant une vie enchantée. Il va dans les salles d'isolation, visite les malades et il est complètement immunisé.

## Un scientifique et le silence

Un célèbre ingénieur et astronome, lorsqu'il était confronté à des problèmes, s'assoyait seul dans son bureau de recherche et silencieusement, il méditait comme suit: «Je suis conscient de la solution divine maintenant. Dieu connaît la réponse et mon Père et moi ne sommes qu'un. Dieu me la révèle à l'instant même.»

Il dit qu'invariablement et inévitablement, il reçoit la réponse, parfois comme un éclair intuitif dans son esprit lui présentant l'idée nécessaire, ou souvent comme un graphique dans son esprit représentant la réponse parfaite. Il aime appeler sa technique la *solution silencieuse*.

### Pourquoi il ne se produisait rien

Une femme me dit qu'elle passait une demi-heure dans le silence chaque jour mais qu'elle n'obtenait aucun résultat. Je découvris que son procédé était d'écouter de la musique, de faire brûler de l'encens et de se concentrer sur des statues de saints hommes. Elle adoptait aussi certaines positions, allumait des chandelles, érigeait des autels dans sa maison et faisait face à l'Est lorsqu'elle priait.

En fait, elle était totalement embourbée dans la périphérie de la vie et des choses extérieures. Sa vie entière était désorganisée. Elle était malade, frustrée, seule, cafardée et souffrait de divers égarements mentaux. Son esprit était concentré sur des statues, des chandelles, des rituels, de l'encens, de la musique et des positions physiques et il en résultait une sorte de transe auto-hypnotique. Elle était imprégnée de ses cinq sens et ne communiait pas du tout avec la Présence divine.

Sa soeur, qui n'était pas religieuse, la grondait constamment en disant: «Tu pries chaque jour mais quel bien cela te fait-il? Regarde-moi. Je n'entre pas dans le silence du tout et je ne crois même pas en Dieu; pourtant je suis forte, pleine de vitalité et prospère.» En réalité, cette femme n'était pas du tout dans le silence. Elle était impressionnée par les décors, les sons et les statues et elle gaspillait simplement son énergie et son temps sur des choses extérieures. Je lui expliquai le sage silence d'Emerson, qu'elle commença à pratiquer, obtenant ainsi un énorme changement dans son esprit, son corps et sa situation financière.

### Le sage silence d'Emerson

Pratiquez le silence sage en vous détournant du monde et de l'évidence de vos sens et en méditant sur la réalité de vos idées ou de vos désirs. «Croyez que vous l'avez maintenant et vous le recevrez.» Ceci signifie que votre désir, votre idée, votre projet, votre but ou votre invention est aussi réelle que votre main ou votre coeur. Il a une forme, un aspect et une substance dans une autre dimension de l'esprit.

Accordez-lui votre attention, exultez en lui, sachez que l'Intelligence Infinie qui vous donna l'idée révélera le plan parfait pour sa réalisation. Soutenez cette attitude et vous connaîtrez la joie de la prière exaucée. Tel est le sage silence d'Emerson.

### Commencez à récolter quotidiennement les riches dividendes

Chaque matin en vous levant, pensez à Dieu et à son amour et animez-vous dans l'attente, l'intérêt et l'attention joyeuse. Affirmez calmement et lentement: «Dans la Sainte Omniprésence de Dieu je me confie, je confie mes projets, mes idées et toutes les affaires de ma vie en ce jour. J'habite dans la maison secrète du Très-Haut et sa Présence omnipotente veille sur moi, sur ma famille, mon entreprise et tout ce qui m'appartient. Dieu marche et parle en moi et là où je vais, Dieu et son amour m'accompagnent. Dieu me fait prospérer dans tout ce que j'entreprends et sa richesse circule en moi librement, joyeusement, infiniment et incessamment. Je marche sur la terre en chantant la louange de Dieu à jamais.»

En pratiquant cette méthode, vous récolterez de riches dividendes dans tous les domaines de votre vie.

### *Cette paix intérieure*

«Travaillons pour une paix intérieure, une paix et une guérison intérieures, ce silence parfait où les lèvres et le coeur sont au repos, où nous n'entretenons plus nos pensées imparfaites et nos opinions vaines mais où Dieu seul parle en nous et où nous attendons en unité de coeur de connaître sa volonté et dans le *Silence* de notre esprit, de faire sa Volonté et sa Volonté seulement.» (Longfellow)

## RÉSUMÉ DU CHAPITRE

### *Idées importantes à se rappeler*

1. Le silence est le repos de l'esprit en Dieu par lequel nous recevons la nourriture, la vitalité et la force nouvelle.

2. Il y a un génie dans chaque homme. Toutes les puissances de Dieu sont présentes dans l'homme et attendent d'être utilisées par le conscient lorsqu'il est calme.

3. Vous pouvez donner des instructions spécifiques à votre subconscient, silencieusement et amicalement avant de dormir et votre subconscient agira magnifiquement selon la nature de vos directives.

4. Vous pouvez tirer des idées merveilleuses pour un livre, une pièce de théâtre ou une pièce musicale de votre esprit profond en apaisant votre conscient avant de dormir et en demandant à l'Infini de vous révéler ce que vous avez besoin de savoir.

5. Dans votre entreprise, prenez dix ou quinze minutes chaque matin et affirmez que l'Intelligence Infinie dirige toutes vos activités et que vos paiements, vos décisions et vos

achats seront gouvernés et conditionnés par la Sagesse de Dieu. Votre entreprise prospérera de façon magnifique.

6. Si vous ne pouvez pas vous permettre l'achat d'un manteau dispendieux, imaginez que vous le portez, sentez sa texture et sa beauté, flattez et caressez-le et continuez à le porter mentalement et vous le recevrez d'une façon que vous ne connaissez pas.

7. Vous rechargez vos piles mentales et spirituelles dans le silence en récitant lentement et calmement les psaumes 91 et 23 et en sachant que la paix de Dieu circule dans votre esprit, apportant la guérison.

8. Dans une tempête en mer ou dans les airs, restez calme en sachant que l'amour de Dieu vous entoure, vous enlace et vous enveloppe; vous serez ainsi tranquille.

9. Concentrez-vous en silence dans un sentiment de grande attente et une attention joyeuse et vous recevrez les dons de Dieu, toutes les richesses des cieux et toutes les richesses de la terre.

10. Menez une vie enchantée en voyant la présence de Dieu là où la discorde, la maladie, la contagion et le manque financier sont présents et vous vous bâtirez une immunité à toutes ces conditions peu harmonieuses.

11. Proclamez que Dieu a la réponse et que vous ne faites qu'un avec Lui; vous avez donc la réponse et vous recevrez la Solution divine à tous vos problèmes.

12. Dans le silence, vous vous détachez mentalement de toutes les vues, les sons et les objets extérieurs, et méditez plutôt la réalité du désir réalisé. Quand vous faites ceci, la puissance de Dieu vous supporte et vous connaissez la joie de la prière exaucée.

Achevé d'imprimer au Canada
sur les presses de
l'Imprimerie Gagné Ltée
Louiseville